新·学汉语1

XUE HANYU

― 新·学漢語1 ―

日中学院教材研究チーム 編著

白帝社

WEB上での音声無料ダウンロードサービスについて

■『新・学汉语1』の音声は、下記AまたはBのサイトからダウンロードして聞きます。

A「日中学院　新・学漢語1」で検索、または下記サイトにアクセスしてください。

https://www.rizhong.org/part-time/sounds

・スマートフォンからアクセスする場合はQRコードを読み取ってください。

B「白帝社　新・学漢語1」で検索、または下記サイトにアクセスしてください。

http://www.hakuteisha.co.jp/news/n46024.html

■本文中の 🎧00 マークの箇所が音声ファイル（MP3）提供箇所です。

■ファイルはZIP形式で圧縮された形でダウンロードされます。

■ファイルは「すべて」と「各課」ごとに選んでダウンロードすることができます。

はじめに

「話せるようになりたい！」

　それは、今この本を手にしているあなたの夢に違いありません。また、外国語を習うほとんどの人の共通の夢であり、目標でもあるでしょう。

　そのみなさんの夢を叶えるようお手伝いするのが、この日中学院の『新・学漢語』シリーズです。

　日中学院は戦後日本の中国語教育の発祥の地であり、これまで多くの人材を輩出してきました。この 70 年余りの語学教育という土壌から芽を出し、成長しつつある一本の樹が『学漢語』です。旧版『学漢語』の刊行から 20 年近くが経った今、時代に即した内容になるよう手を加えた改訂版『新・学漢語』を出版することになりました。編集にあたっては別科（社会人コース）講師を中心に編集委員会を立ち上げ、受講生や先生方からの貴重なご意見を参考にしつつ試用・修正を重ねてきました。その成果が今このような形になりました。

　本書は日中学院の社会人講座の基礎教材であり、異文化コミュニケーションや実用性を重視した「機能＋構造（文法）＋文化」を主軸とするテキストです。私たちはこれまでの文法偏重型の学習法を反省し、機能重視の視点に立った内容となることを目指してきました。

　語学の基本は"听说读写"（聞く、話す、読む、書く）だといわれていますが、"思"（考える）も重要な要素だと思います。習得した中国語をもとに自分が表現したいことを考えるようにすると、思考回路が中国式になり、語彙や言い回しが覚えやすくなったり、考えを表現しやすくなったりします。そういう意味では、言語を習う一つの目的は、新たな思考回路の形成にあるといえるのかもしれません。

　自分の考えを相手に伝えるためには、日本的な「以心伝心」では十分な意思疎通ができません。双方向の異文化コミュニケーションを円滑に行うためには、「以"言"伝心」（言葉を以って心を伝える）が必要ではないかと思います。

　この本の出版にあたっては白帝社の十時真紀さんに大変お世話になりました。心から感謝しております。また、教科書の試用段階でご協力くださったみなさんにも御礼を申し上げたいと思います。最後に、この本が「以言伝心」を目指すあなたの良き友となり、中国語学習の日々の支えとなりますよう心から祈っております。

　谢谢大家！

教科書編集委員会

テキストの使い方

　本書は発音編と本編（第一課～第十四課）からなり、本編は 11 の部分から構成されています。

◆ 発音編
◆ 本編

1	本文

7	補充単語

2	短文

8	唐詩

3	学習ポイント

9	こんな時どういうの？

4	練習

10	付録

5	単語

11	単語一覧

6	まとめ

◆ 発音編 ◆

　母音、子音、声調、音節の組み合わせ等から成り立っています。それぞれの母音や子音を個別に習得するだけでなく、組み合わせを重視し、ピンインによる二音節や文単位での練習を豊富に盛り込みました。音声を聞きながらピンインを正確に読めるよう繰り返し練習しましょう。

◆ 本編 ◆

1 本文

　各課の中心となる部分で、主に日常よく使う会話文から成り立っています。場面の設定は日本や中国です。簡単なあいさつ、自己紹介、ビジネスや旅行に役立つ表現などが盛り込まれています。

目標 初対面の挨拶をする	！注 釈	用汉语怎么说？

　本文ごとに目標、注釈、ロールプレイ、問答練習（第八課～）を置き、そのほかに注意したい簡体字（第一課～第三課）も載せています。
　学習内容の再確認のコーナーとして「小老师に聞いてみよう！」（第四課～）を設けました。

小老师に聞いてみよう！

2 短文（第九課～第十四課）

　本文の内容と関連のある内容を平叙文で書き表しました。問答練習と組み合わせて練習することにより学習内容の定着を図ります。

3 学習ポイント

　文法や語彙の使い方を学びます。文型をできるだけパターン化し、学習者が視覚的にも覚えられるように工夫しました。

4 練習

　単語の置き換えによるパターン練習のほか、並べ替え、日文中訳、リスニング等の練習問題を設けました。繰り返し練習して学習ポイントを身につけていきましょう。

5 単語

　学習しやすいように、単語は「本文単語」、「短文単語」、「学習ポイント・練習単語」の3つに分けました。

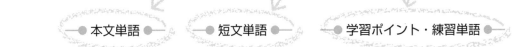

─●本文単語●─　　　─●短文単語●─　　　─●学習ポイント・練習単語●─

　「単語力」は理解力と表現力の向上に必要不可欠です。正しい発音と意味をしっかり覚え、単語の貯金を増やしていきましょう。

6 まとめ

　第八課と第十四課の後にそれぞれ「まとめ」を設けました。これを使って第一課～第八課と第九課～第十四課の学習項目を復習しましょう。

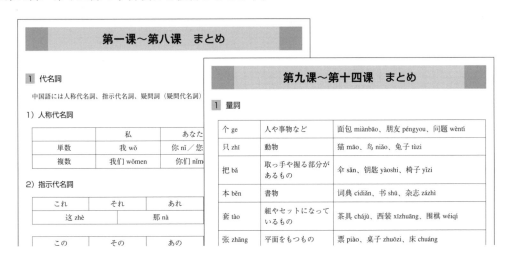

第一课～第八课　まとめ

1 代名詞

中国語には人称代名詞、指示代名詞、疑問詞（疑問代名詞）

1) 人称代名詞

	私	あなた
単数	我 wǒ	你 nǐ／您
複数	我们 wǒmen	你们 nǐm

2) 指示代名詞

これ	それ	あれ
这 zhè		那 nà

この	その	あの

第九课～第十四课　まとめ

1 量詞

个 ge	人や事物など	面包 miànbāo、朋友 péngyou、问题 wèntí
只 zhī	動物	猫 māo、鸟 niǎo、兔子 tùzi
把 bǎ	取っ手や握る部分があるもの	伞 sǎn、钥匙 yàoshi、椅子 yǐzi
本 běn	書物	词典 cídiǎn、书 shū、杂志 zázhì
套 tào	組やセットになっているもの	茶具 chájù、西装 xīzhuāng、围棋 wéiqí
张 zhāng	平面をもつもの	票 piào、桌子 zhuōzi、床 chuáng

7　補充単語（第四課～第七課）

中国語検定試験やHSK（"汉语水平考试"）などの対策に役立つように、試験に繰り返し出題されている単語を補充しました。

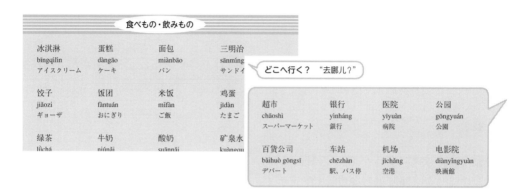

食べもの・飲みもの

冰淇淋	蛋糕	面包	三明治
bīngqílín	dàngāo	miànbāo	sānmíng
アイスクリーム	ケーキ	パン	サンドイ

饺子	饭团	米饭	鸡蛋
jiǎozi	fàntuán	mǐfàn	jīdàn
ギョーザ	おにぎり	ご飯	たまご

绿茶	牛奶	酸奶	矿泉水
lǜchá	niúnǎi	suānnǎi	kuàngqu

どこへ行く？ "去哪儿？"

超市	银行	医院	公园
chāoshì	yínháng	yīyuàn	gōngyuán
スーパーマーケット	銀行	病院	公園

百货公司	车站	机场	电影院
bǎihuò gōngsī	chēzhàn	jīchǎng	diànyǐngyuàn
デパート	駅、バス停	空港	映画館

8　唐詩（第五課、第七課）

中国文化に親しみ、発音の向上を狙いとして有名な唐詩を紹介しています。

9　こんな時どういうの？

第一課～第十四課で学習した表現（172文）を、日本語を手掛かりに再現できるかどうか確認するために設けました。ページ左端の数字はどれくらいの表現を習得したかという目安になります。右の四角い枠はチェック欄です。

第一課

1. 挨拶して、自分の名前を伝えてから相手の名前をたずねる　□
2. 自分の名前をいう　□
3. 知り合えてうれしいという　□
4. こちらもうれしいという　□
5. その人（彼か彼女）は誰かとたずねる　□
6. 友人だという　□

10　付録

日本の都道府県名、世界の主な国名、中国語音節表、中国地図を巻末にまとめました。

11　単語一覧

単語の検索がしやすいように、アルファベット順に並べてあります。

目 次

凡例：

[名] 名詞　　[動] 動詞　　[形] 形容詞　　[副] 副詞　　[代] 代名詞　　[疑] 疑問詞

[助] 助詞　　[数] 数詞　　[量] 量詞　　[接] 接続詞　　[介] 介詞　　[助動] 助動詞

[感] 感嘆詞　　[成] 成語

A02

A：你 好！
Nǐ hǎo!

B：你 好！
Nǐ hǎo!

A03

A：谢谢！
Xièxie!

B：不 客气。
Bú kèqi.

A04

A：对不起。
Duìbuqǐ.

B：没 关系。
Méi guānxi.

A05

A：再见！
Zàijiàn!

B：再见！
Zàijiàn!

発　音

● 中国語について

　中国は 14 億人余り（2020 年現在）の人口を有し、56 の民族からなる多民族国家です。なかには独自の言語を持っている民族もいますが、人口の 9 割以上を占める漢民族の言葉を "汉语 Hànyǔ"（漢語）といいます。しかし "汉语" には広東方言や上海方言など数多くの方言があり、中国人同士でも通じないこともあるほどです。そこで北方方言を基礎とした "普通话 pǔtōnghuà"（共通語）が作られました。この教科書で勉強する中国語はこの "普通话" です。

● 文字

　文字は漢字を使います。現在中国では簡略化された簡体字 "简体字 jiǎntǐzì" を使用しています。簡略化されていない文字は繁体字 "繁体字 fántǐzì" と言い、台湾などで使われています。

　漢字を見ただけではどのように発音していいのか分かりません。そこで、漢字を発音するためにローマ字を用いたピンイン "拼音 pīnyīn" が作られました。ピンインには音の高低を表す声調符号がつきます。声調は、第 1 声、第 2 声、第 3 声、第 4 声の 4 種類で四声 "四声 sìshēng" とも呼ばれます。

Hàn yǔ	← 声調符号 ← ローマ字表記 ｝ピンイン	
汉　语	← 簡体字	

● 発音

母音

単母音　a o e i u ü

er（そり舌母音）

複母音

二重母音

ai ei ao ou

ia ie ua uo üe

三重母音

iao iou uai uei

鼻母音

an ang en eng in ing 　ong

ian iang iong

uan uang uen ueng üan ün

子音　b p m f d t n l g k h

j q x zh ch sh r z c s

● 声調

第1声　　　第2声　　　第3声　　　第4声

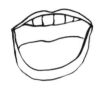 **a**　日本語の「ア」より大きく口を開けて発音する

 o　日本語の「オ」より口を丸くして発音する

 **e**　唇の形は日本語の「エ」のまま「オ」を発音する

 **i**　日本語の「イ」より口を左右に強くひいて発音する

 u　日本語の「ウ」より唇をまるくつきだして発音する

 **ü**　唇をすぼめ口笛を吹く形にし「イ」を発音する

🎧A07 2 声調

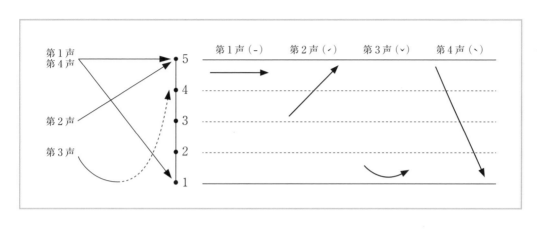

a	ā	á	ǎ	à
o	ō	ó	ǒ	ò
e	ē	é	ě	è
i (yi)	ī	í	ǐ	ì
u (wu)	ū	ú	ǔ	ù
ü (yu)	ǖ	ǘ	ǚ	ǜ

注）i、u、ü　は前に子音がつかないとき、yi、wu、yu と表記する。

● 軽声

声調には第1声から第4声の他に「軽声」があり、声調符号はつけない。

A08 ● 二音節の組み合わせ

	＋第1声	＋第2声	＋第3声	＋第4声
第1声	ā ā	ā á	ā ǎ	ā à
第2声	á ā	á á	á ǎ	á à
第3声	ǎ ā	ǎ á	ǎ ǎ	ǎ à
第4声	à ā	à á	à ǎ	à à

● 第3声＋第3声

第3声が連続する場合、前の第3声は第2声で発音する。

● 軽声との組み合わせ

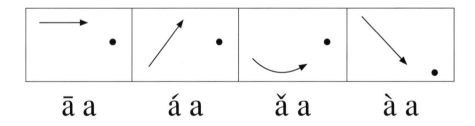

ā a　　á a　　ǎ a　　à a

🎧 A10　3　子音（1）

子音には無気音と有気音という区別があり、有気音は息を強く出して発音するが、無気音はほとんど息が出ない。

	b	p	m	f
	bo	po	mo	fo

無気音

	d	t	n	l
	de	te	ne	le

有気音

	g	k	h
	ge	ke	he

	無気音	有気音		
唇音	b	p	m	f
舌尖音	d	t	n	l
舌根音	g	k		h
舌面音	j	q		x
そり舌音	zh	ch	sh	r
舌歯音	z	c		s

注）無気音と有気音には、b－p、d－t、g－k、j－q、zh－ch、z－cの6組がある。

● 練習 ●

● 発音してみましょう

🎧 A11 (1) 音を区別する練習

ba—pa   da—ta   ga—ka

bo—po   du—tu   ge—ke

pu—bu   te—de   ku—gu

🎧 A12 (2) 1音節の練習

pà（怕）   nǚ（女）   hé（和）   bō（波）   gǔ（古）

mù（木）   tā（他）   fú（福）   nǐ（你）   lè（乐）

🎧 A13 (3) 2音節の練習

bǐlì（比例）   pífū（皮肤）   nǔlì（努力）   dìtú（地图）

tèyì（特意）   mǎyǐ（蚂蚁）   kělè（可乐）   fùyù（富裕）

注）「第3声＋第3声」を発音する場合、前の第3声は第2声となる。

🎧 A14 (4) 短文練習

① Tā pà là.　　　他怕辣。

② Nǐ hē ma?　　　你喝吗？

③ È le ma?　　　饿了吗？

④ Kě le ma?　　　渴了吗？

⑤ Bù kě.　　　不渴。

前の母音をはっきりと発音し、後ろの母音を軽く添える。

ai　　ei　　ao　　ou

前の母音を軽く発音し、後ろの母音をはっきり発音する。

ia　　ie　　ua　　uo　　üe

ai	āi	ái	ǎi	ài
ei	ēi	éi	ěi	èi
ao	āo	áo	ǎo	ào
ou	ōu	óu	ǒu	òu
ia (ya)	iā	iá	iǎ	ià
ie (ye)	iē	ié	iě	iè
ua (wa)	uā	uá	uǎ	uà
uo (wo)	uō	uó	uǒ	uò
üe (yue)	üē	üé	üě	üè

● 練習 ●━━━━━━━━━━━━━━━━━━━━━━━━━━━━━

●発音してみましょう

(A17) (1)　音を区別する練習

ao—ou　　　ie—ei　　　　ia—ai　　　　ua—uo

ou—uo　　　üe—ie　　　　ua—ao

(A18) (2)　1音節の練習

yě（也）　　　bái（白）　　　huā（花）　　　wǒ（我）　　　yuè（月）

māo（猫）　　hǎo（好）　　　yá（牙）　　　gǒu（狗）　　　fēi（飞）

(A19) (3)　2音節の練習

àihào（爱好）　　bǎohù（保护）　　píbāo（皮包）　　kǎolù（考虑）

gāotiě（高铁）　　huǒguō（火锅）　　hòulái（后来）　　dòunǎi（豆奶）

(A20) (4)　短文練習

①Wǔ yuè yī hào.　　　五月一号。

②Tài hǎo le.　　　　太好了。

③A: Lèi le ma?　　　累了吗?

　B: Lèi le.　　　　累了。

5 子音 (2)

j   q   x
ji   qi   xi

無気音

zh   ch   sh   r
zhi   chi   shi   ri

有気音

z   c   s
zi   ci   si

注1) ji、qi、xi の i、zhi、chi、shi、ri の i、zi、ci、si の i はそれぞれ音が異なる。

注2) j、q、x のすぐ後ろの ü は u と表記するが、ü と発音する。

	無気音	有気音			
唇音	b	p	m	f	
舌尖音	d	t	n		l
舌根音	g	k		h	
舌面音	j	q		x	
そり舌音	zh	ch		sh	r
舌歯音	z	c		s	

● 練習 ●━━━━━━━━━━━━━━━━━━━━━━━━━━━━━━━━━

●発音してみましょう

 (1) 音を区別する練習

ji—qi　　　zha—cha　　　za—ca　　　ju—qu　　　xi—si

zhe—che　　zu—cu　　　　ji—zhi　　　zha—jia　　si—su

(2) 1音節の練習

sì（四）　　　chē（车）　　　qù（去）　　　xué（学）　　　shū（书）

xié（鞋）　　　zǒu（走）　　　zhǎo（找）　　shuō（说）　　ròu（肉）

(3) 2音節の練習

chǎocài（炒菜）　　règǒu（热狗）　　dàjiā（大家）　　xiàyǔ（下雨）

hǎochī（好吃）　　lǎoshī（老师）　　zázhì（杂志）　　jiějué（解决）

(4) 短文練習

①Zǒu ba.　　　　　　　走吧。

②Wǒ bù zhīdào.　　　　我不知道。

③Nǐ tài kèqi le.　　　　你太客气了。

④Wǒ chī règǒu.　　　　我吃热狗。

22

A26 **6** 母音：三重母音　　iao　iou　uai　uei

A27

iao (yao)	iāo	iáo	iǎo	iào
iou (you)	iū	iú	iǔ	iù
uai (wai)	uāi	uái	uǎi	uài
uei (wei)	uī	uí	uǐ	uì

注）iou、uei は子音と結びつく時それぞれ iu、ui と表記する。
　　n + iou ⇒ niu　　　　t + uei ⇒ tui

● そり舌母音　er

e を発音しながら、舌をそり上げて発音する。

A28 ● r 化

母音 er が接尾語としてほかの音節に続く時は -r とつづり、それを「r 化」という。
　　wánr（玩儿）　　　huàr（画儿）　　　xiǎoháir（小孩儿）　　　yìdiǎnr（一点儿）

● 声調符号のつけ方

a があったら逃さずに	bāi	xiǎng
a がなければ o か e を探し	tuò	wéi
i、u が並べば後ろにつけて	qiú	guǐ
母音 1 つは迷わずに	dī	zhù

● 練習 ●━━━━━━━━━━━━━━━━━━━━━━━━━━━━━━

●発音してみましょう

(A29) (1) 音を区別する練習

iao—iou　　uai—uei

(A30) (2) 1音節の練習

yào（要）　　yǒu（有）　　wāi（歪）　　wéi（围）　　piào（票）

jiǔ（酒）　　shuài（帅）　　zhuī（追）　　kuài（快）　　tuǐ（腿）

(A31) (3) 2音節の練習

xiǎoniǎo（小鸟）　　chuīniú（吹牛）　　shuǐjiǎo（水饺）　　shǒubiǎo（手表）

huíguó（回国）　　qíguài（奇怪）　　tiàowǔ（跳舞）　　kuàilè（快乐）

(A32) (4) 短文練習

① Yàoshi diū le.　　　　　钥匙丢了。

② Wǒ bú huì hē jiǔ.　　　我不会喝酒。

③ A: Nǐ yào shénme?　　　你要什么？

　 B: Wǒ yào shuǐ.　　　　我要水。

A33 **7** 母音：鼻母音

an　　　　　　ang

en　　　　　　eng

in (yin)　　　　ing (ying)

　　　　　　　ong

A34　ian (yan)　　　iang (yang)

　　　　　　　　iong (yong)

uan (wan)　　　uang (wang)

uen (wen)　　　ueng (weng)

üan (yuan)

ün (yun)

注）uen は子音と結びつく時、un と表記する。

　　h + uen ⇒ hun

発 音 25

● 練習 ●━━━━━━━━━━━━━━━━━━━━━━━━━━━━━━━

●発音してみましょう

 (1)　音を区別する練習

① an—ang　　bān　bāng　（搬　帮）　　lán　　láng　　（蓝　狼）

② en—eng　　bèn　bèng　（笨　蹦）　　shēn　shēng　（身　生）

③ in—ing　　mín　míng　（民　名）　　xìn　　xìng　　（信　姓）

④ ian—iang　yán　yáng　（盐　羊）　　jiàn　jiàng　（见　酱）

⑤ uan—uang　guān　guāng　（观　光）　chuán　chuáng　（船　床）

⑥ uen—ün　　chún　qún　（纯　群）　　hūn　jūn　　（昏　军）

⑦ uan—üan　huàn　yuàn　（换　愿）　　chuàn　quàn　（串　劝）

⑧ ün—iong　yùn　yòng　（运　用）　　xún　xióng　（寻　熊）

⑨ ueng—ong　wēng　hōng　（翁　轰）

(2)　2音節の練習

píngfāng（平方）　　　　shàngbān（上班）

xióngmāo（熊猫）　　　　diànhuà（电话）

(3)　短文練習

① Qǐng kàn kèběn.　　　　　请看课本。

② Zěnme le?　　　　　　　　怎么了？

③ Jǐ diǎn guān mén?　　　　几点关门？

④ Qǐng màn zǒu.　　　　　　请慢走。

⑤ Gèng shàng yì céng lóu.　更上一层楼。

8 声調の変化

🎧A38 (1) "一" の変調

① 序数の場合：本来の第1声で発音する。

yī yuè yī hào（一月一号）　　yī jiǔ yī yī nián（一九一一年）

② 後ろに第1声、第2声、第3声、第4声が続く場合は、以下のように変調する。

"一" ＋ 第1声：　yì qiān　　（一千）
"一" ＋ 第2声：　yì nián　　（一年）
"一" ＋ 第3声：　yì bǎi　　（一百）
"一" ＋ 第4声：　yí wàn　　（一万）

🎧A39 (2) "不" の変調

"不" は bù と発音するが、後ろに第1声、第2声、第3声、第4声が続く場合は、以下のように変調する。

"不" ＋ 第1声：　bù duō　　（不多）
"不" ＋ 第2声：　bù nán　　（不难）
"不" ＋ 第3声：　bù mǎi　　（不买）
"不" ＋ 第4声：　bú shì　　（不是）

● 隔音記号

a、o、e で始まる音節が他の音節のすぐ後ろに続いて、音節の切れ目がはっきりしない時には、隔音記号「'」で音節の区切りを示す。

Tiān ān mén ⇒ Tiān'ānmén　　（天安门）
xīng qī èr　　⇒ xīngqī'èr　　（星期二）

●練習しましょう

1. 第1声＋第1声 A40

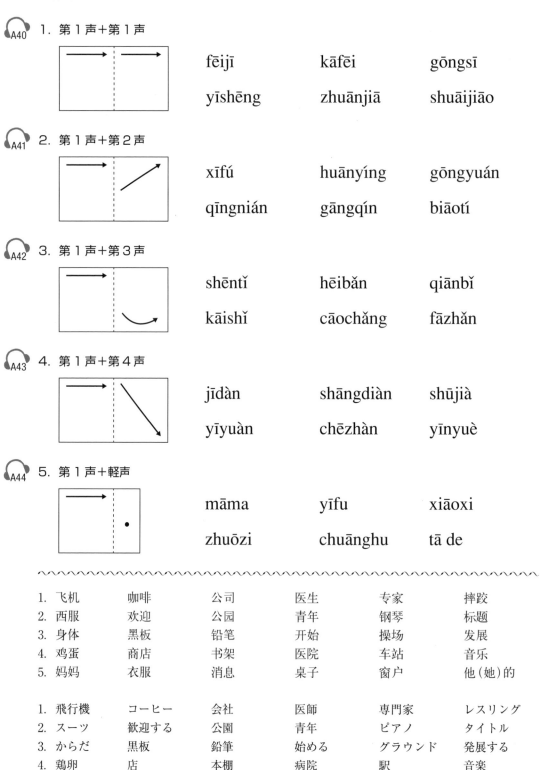

fēijī　　　　kāfēi　　　　gōngsī

yīshēng　　　zhuānjiā　　　shuāijiāo

2. 第1声＋第2声 A41

xīfú　　　　huānyíng　　　gōngyuán

qīngnián　　gāngqín　　　biāotí

3. 第1声＋第3声 A42

shēntǐ　　　hēibǎn　　　qiānbǐ

kāishǐ　　　cāochǎng　　　fāzhǎn

4. 第1声＋第4声 A43

jīdàn　　　shāngdiàn　　　shūjià

yīyuàn　　　chēzhàn　　　yīnyuè

5. 第1声＋軽声 A44

māma　　　yīfu　　　xiāoxi

zhuōzi　　　chuānghu　　　tā de

1. 飞机　　　咖啡　　　公司　　　医生　　　专家　　　摔跤
2. 西服　　　欢迎　　　公园　　　青年　　　钢琴　　　标题
3. 身体　　　黑板　　　铅笔　　　开始　　　操场　　　发展
4. 鸡蛋　　　商店　　　书架　　　医院　　　车站　　　音乐
5. 妈妈　　　衣服　　　消息　　　桌子　　　窗户　　　他（她）的

1. 飛行機　　コーヒー　　会社　　　医師　　　専門家　　　レスリング
2. スーツ　　歓迎する　　公園　　　青年　　　ピアノ　　　タイトル
3. からだ　　黒板　　　　鉛筆　　　始める　　グラウンド　発展する
4. 鶏卵　　　店　　　　　本棚　　　病院　　　駅　　　　　音楽
5. 母　　　　服　　　　　知らせ　　机　　　　窓　　　　　彼（彼女）の

28

A45 1. 第2声＋第1声

máoyī　　　lóutī　　　píbāo

nóngcūn　　wénzhāng　chábēi

A46 2. 第2声＋第2声

píxié　　　zúqiú　　　hépíng

yóujú　　　yínháng　　tóngxué

A47 3. 第2声＋第3声

niúnǎi　　　píngguǒ　　píjiǔ

ménkǒu　　yóuyǒng　　huáxuě

A48 4. 第2声＋第4声

báicài　　　féizào　　　xuéyuàn

zázhì　　　wénhuà　　chájù

A49 5. 第2声＋軽声

yéye　　　shítou　　　luóbo

xíngli　　　péngyou　　shéi de

1.	毛衣	楼梯	皮包	农村	文章	茶杯
2.	皮鞋	足球	和平	邮局	银行	同学
3.	牛奶	苹果	啤酒	门口	游泳	滑雪
4.	白菜	肥皂	学院	杂志	文化	茶具
5.	爷爷	石头	萝卜	行李	朋友	谁的

1.	セーター	階段	かばん	農村	文章	ティーカップ
2.	革靴	サッカー	平和	郵便局	銀行	クラスメート
3.	牛乳	リンゴ	ビール	入口	泳ぐ	スキーをする
4.	白菜	石鹸	学院	雑誌	文化	茶器
5.	祖父	石	大根	荷物	友達	誰の

A50 1. 第3声＋第1声

lǎoshī　　　　guǎngbō　　　　jiǎndān

hǎochī　　　　huǒchē　　　　yǔyī

A51 2. 第3声＋第2声

lǚxíng　　　　zǔguó　　　　yǎnyuán

shuǐpíng　　　　huǒchái　　　　wǎngqiú

A52 3. 第3声＋第3声

xǐzǎo　　　　shǒubiǎo　　　　yǔsǎn

shuǐguǒ　　　　gǎnxiǎng　　　　zhěnglǐ

A53 4. 第3声＋第4声

mǎlù　　　　bǐsài　　　　nǔlì

gǎnmào　　　　kě'ài　　　　wǎnfàn

A54 5. 第3声＋軽声

jiějie　　　　yǐzi　　　　běnzi

yǎnjing　　　　xǐhuan　　　　wǒ de

1. 老师	广播	简单	好吃	火车	雨衣
2. 旅行	祖国	演员	水平	火柴	网球
3. 洗澡	手表	雨伞	水果	感想	整理
4. 马路	比赛	努力	感冒	可爱	晚饭
5. 姐姐	椅子	本子	眼睛	喜欢	我的

1. 教師	放送	簡単だ	おいしい	汽車	レインコート
2. 旅行する	祖国	俳優	レベル	マッチ	テニス
3. 風呂に入る	腕時計	傘	果物	感想	整理する
4. 大通り	試合	努力する	風邪をひく	かわいい	夕飯
5. 姉	椅子	ノート	目	好む	私の

A55 1. 第4声＋第1声

| dàyī | lùyīn | miànbāo |
| qìchē | rènzhēn | càidān |

A56 2. 第4声＋第2声

| dìtú | dàxué | wèntí |
| xiàngpí | rèqíng | liànxí |

A57 3. 第4声＋第3声

| bàozhǐ | Hànyǔ | tiàowǔ |
| wòshǒu | règǒu | xiàyǔ |

A58 4. 第4声＋第4声

| diànshì | bìyè | sànbù |
| fàndiàn | àihào | zhàoxiàng |

A59 5. 第4声＋軽声

| bàba | gùshi | yìsi |
| zhàngfu | mèimei | piàoliang |

~~~~~~

1.	大衣	录音	面包	汽车	认真	菜单
2.	地图	大学	问题	橡皮	热情	练习
3.	报纸	汉语	跳舞	握手	热狗	下雨
4.	电视	毕业	散步	饭店	爱好	照相
5.	爸爸	故事	意思	丈夫	妹妹	漂亮

1.	コート	録音する	パン	自動車	真面目だ	メニュー
2.	地図	大学	問題	消しゴム	親切だ	練習する
3.	新聞	中国語	踊る	握手する	ホットドック	雨が降る
4.	テレビ	卒業する	散歩する	ホテル	趣味	写真をとる
5.	父	物語	意味	夫	妹	きれいだ

您贵姓？

お名前は

目標　初対面の挨拶をする

A60

A61

A： Nín hǎo! Wǒ xìng Lǐ, nín guìxìng?

B： Wǒ xìng Ābù, wǒ jiào Ābù Yóuměi.

A： Rènshi nín, hěn gāoxìng.

B： Wǒ yě hěn gāoxìng.

A： Tā shì shéi?

B： Tā shì wǒ de péngyou.

A： Tā xìng shénme?

B： Tā xìng Wáng, jiào Wáng Lì.

!　注 釈

① 中国語の疑問文の文末には"？"を必ずつける。
② "姓"は苗字を、"叫"はフルネームをいう時に使う動詞。

A： 您好！ 我姓李，您贵姓？

B： 我姓阿部，我叫阿部由美。

A： 认识您，很高兴。

B： 我也很高兴。

A： 她是谁？

B： 她是我的朋友。

A： 她姓什么？

B： 她姓王，叫王丽。

用汉语怎么说？

A

① 挨拶して、自分の名前を伝えてから
　相手の名前をたずねる
② 知り合えてうれしいという

③ 彼女は誰かとたずねる
④ 名前をたずねる

B

① 自分の名前をいう
② こちらもうれしいという

③ 友人だという
④ 名前をいう

1 "是"

"A 是 B" は、「A = B」という意味。

他是我的朋友。　　　　　　　　Tā shì wǒ de péngyou.
阿部是学生。　　　　　　　　　Ābù shì xuésheng.

2 人称代名詞

	私	あなた	彼／彼女
単　数	我 wǒ	你 nǐ ／ 您 nín（敬称）	他 ／ 她 tā
複　数	我们 wǒmen	你们 nǐmen	他们 ／ 她们 tāmen

3 "什么"、"谁"

"什么" は「何」、"谁" は「誰」という意味の疑問詞。
中国語の疑問詞疑問文は、疑問詞で問われた答えを疑問詞と同じ位置でこたえる。

　　　例）她姓<u>什么</u>？　　　　　　Tā xìng shénme?
　　　　　　　↓
　　　她姓<u>王</u>。　　　　　　　　Tā xìng Wáng.

　　　她是<u>谁</u>？　　　　　　　　Tā shì shéi?
　　　　　　　↓
　　　她是<u>王丽</u>。　　　　　　　Tā shì Wáng Lì.

●本文に基づき、下線部にピンインを入れましょう。

A: Nín hǎo! Wǒ xìng Lǐ, nín _____ ?

B: Wǒ _____ Ābù, _____ Ābù Yóuměi.

A: _____ nín, hěn gāoxìng.

B: Wǒ _____ hěn _____ .

❖❖

A: Tā shì _____ ?

B: Tā shì wǒ de _____ .

A: Tā xìng _____ ?

B: Tā xìng Wáng, jiào Wáng Lì.

注意したい簡体字	你	贵	什	识

単 語

● 本文単語

1. 您 nín ［代］あなた（"你"の敬称）

2. 你 nǐ ［代］あなた

3. 好 hǎo ［形］よい、健康である

4. 我 wǒ ［代］私

5. 姓 xìng ［動］姓は〜である

6. 李 Lǐ ［名］李

7. 贵姓 guìxìng ［名］お名前、ご芳名

8. 叫 jiào ［動］フルネームは〜である

9. 阿部由美 Ābù Yóuměi ［名］阿部由美

10. 认识 rènshi ［動］見知る、知っている

11. 很 hěn ［副］とても

12. 高兴 gāoxìng ［形］うれしい

13. 也 yě ［副］〜も

14. 她 tā ［代］彼女

15. 是 shì ［動］〜である

16. 谁 shéi ［疑］誰

17. 的 de ［助］〜の

18. 朋友 péngyou ［名］友達

19. 什么 shénme ［疑］何、どんな

20. 王丽 Wáng Lì ［名］王麗

● 学習ポイント単語

1. 他 tā ［代］彼

2. 学生 xuésheng ［名］学生

你忙吗？

忙しいですか

A：Qǐng jìn. Qǐng zuò. Qǐng hē chá.

B：Xièxie. Zhè shì shénme chá?

A：Zhè shì wūlóngchá.

B：Zhēn hǎohē.

A：Nǐ hǎo ma?

B：Wǒ hěn hǎo. Nǐ máng ma?

A：Wǒ bù máng, nǐ ne?

B：Wǒ yě bù máng.

注 釈

① "请"＋動詞：相手に頼んだり、勧めたりする時に使う。
② "什么"＋名詞：この場合の "什么" は「どんな、何の～」という意味。"什么茶" は「どんなお茶」。
③ "～呢？"：後ろの言葉を省略して「～は？」と聞く時に使う。

A： 请进。请坐。请喝茶。

B： 谢谢。这是什么茶？

A： 这是乌龙茶。

B： 真好喝。

∗∗∗∗∗∗∗∗∗∗∗∗∗∗∗∗∗∗∗∗∗∗∗∗∗∗∗

A： 你好吗？

B： 我很好。你忙吗？

A： 我不忙，你呢？

B： 我也不忙。

用汉语怎么说 ❓

A

① 招き入れ席をすすめ、お茶を出す
② ウーロン茶だとこたえる
∗∗∗∗∗∗∗∗∗∗∗∗∗∗∗∗∗∗∗∗∗∗∗∗
③ 元気かとたずねる
④ 忙しくないとこたえ、相手にも聞く

B

① お礼をいい、何茶かとたずねる
② おいしいという
∗∗∗∗∗∗∗∗∗∗∗∗∗∗∗∗∗∗∗∗∗∗∗∗
③ 元気だとこたえ、忙しいかとたずねる
④ 忙しくないとこたえる

1 "～吗？"

Yes か No かを聞きたい時に文末に置いて用いる。

A：她是你的朋友吗？　　　　　　Tā shì nǐ de péngyou ma?

B：她是我朋友。／ 她不是我朋友。

　　　　　　　　　　　　　　Tā shì wǒ péngyou. ／ Tā bú shì wǒ péngyou.

注）人称代名詞で人間関係や所属組織等を修飾する場合は通常 "的" を省略する。

A：你忙吗？　　　　　　　　　Nǐ máng ma?

B：我很忙。／ 我不忙。　　　　Wǒ hěn máng. ／ Wǒ bù máng.

2 形容詞述語文

　形容詞が述語となる文を形容詞述語文という。肯定文は一般に形容詞の前に "很" をつけ、否定文は "不" を用いる。

　　　　　　主語　＋　述語（形容詞）

肯定文：　我　　　很　高兴。　　　　　　Wǒ hěn gāoxìng.

否定文：　我　　　不　高兴。　　　　　　Wǒ bù gāoxìng.

疑問文：　你　　　　　高兴　吗？　　　　Nǐ gāoxìng ma?

3 指示代名詞（1）

これ	それ	あれ	どれ
这 zhè	那 nà		哪 nǎ

●本文に基づき、下線部にピンインを入れましょう。

A: Qǐng jìn. Qǐng zuò. _____ .

B: Xièxie. Zhè shì _____ chá?

A: Zhè shì wūlóngchá.

B: Zhēn _____ .

〰〰〰〰〰〰〰〰〰〰〰〰〰〰〰〰〰〰〰〰〰〰〰〰〰〰〰〰〰

A: Nǐ hǎo ma?

B: Wǒ hěn hǎo. Nǐ máng ma?

A: Wǒ _____ , _____ ?

B: _____ bù máng.

| 注意したい簡体字 | 进 | 吗 | 喝 | 谢 |

単 語

A65

●本文単語 —————————

1. 请 qǐng　[動]どうぞ～してください

2. 进 jìn　[動]入る

3. 坐 zuò　[動]座る

4. 喝 hē　[動]飲む

5. 茶 chá　[名]茶

6. 谢谢 xièxie　ありがとう

7. 这 zhè　[代]これ

8. 乌龙茶 wūlóngchá　[名]ウーロン茶

9. 真 zhēn　[副]本当に

10. 好喝 hǎohē　[形]（飲んで）おいしい

11. 吗 ma　[助]～か？

12. 忙 máng　[形]忙しい

13. 不 bù　[副]～でない

14. 呢 ne　[助]～は？

你的生日是几月几号？

誕生日はいつですか

目標 誕生日や部屋の番号をたずねる

A66
A67

A： Nǐ de shēngrì shì jǐ yuè jǐ hào?

B： Shí yuè shíyī hào.

A： Shì jīntiān a! Zhù nǐ shēngrì kuàilè!

B： Xièxie.

A： Fángjiān hàomǎ shì duōshao?

B： Yāo líng èr bā.

A： Qǐng zài shuō yí biàn.

B： Yāo líng èr bā.

!注 釈

① "是今天啊！"：「今日じゃないか！」という意味。"啊"は、文末に置いて、驚きや感嘆などの語気を表す。

② "祝你生日快乐！"：「誕生日おめでとう」という意味。「Happy Birthday to you」の歌詞にもなる。

③ "再说一遍"：「もう一度いう」という意味。

A： 你的生日是几月几号？

B： 十月十一号。

A： 是今天啊！ 祝你生日快乐！

B： 谢谢。

❖❖❖❖❖❖❖❖❖❖❖❖❖❖❖❖❖❖❖❖❖❖❖❖❖❖❖❖❖❖❖

A： 房间号码是多少？

B： 1028。

A： 请再说一遍。

B： 1028。

用汉语怎么说 ❓

A

① 誕生日をたずねる
② 今日と知って驚き、おめでとうという
❖❖❖❖❖❖❖❖❖❖❖❖❖❖❖❖❖❖❖❖❖❖❖
③ 部屋番号をたずねる
④ もう一度繰り返してもらう

B

① 誕生日をこたえる
② お礼をいう
❖❖❖❖❖❖❖❖❖❖❖❖❖❖❖❖❖❖❖❖❖❖❖
③ 1028 だという
④ 繰り返す

1 "几"、"多少"

「いくら、いくつ」という意味の疑問詞。"几"はふつう 10 以下の数字や日付をたずねる時に使う。疑問詞疑問文には "吗" をつけない。

A：你的生日是几月几号？　　　　　　Nǐ de shēngrì shì jǐ yuè jǐ hào?
B：我的生日是五月五号。　　　　　　Wǒ de shēngrì shì wǔ yuè wǔ hào.

电话号码是多少？　　　　　　　　　Diànhuà hàomǎ shì duōshao?

2 数の数え方

零	一	二	三	四	五	六	七	八	九	十
líng	yī	èr	sān	sì	wǔ	liù	qī	bā	jiǔ	shí

十一	十二	…	二十	二十一	二十二	…	九十九	一百
shíyī	shí'èr		èrshí	èrshiyī	èrshi'èr		jiǔshijiǔ	yìbǎi

"二十一" のように "十" は数字にはさまれた場合、軽声になる。
　電話番号などを読む時は数字を一つずつ読み、"一" は "七" との聞き違いを避けるため "yāo" と読むことが多い。

例）０３－３８１４－３５９１　　líng sān sān bā yāo sì sān wǔ jiǔ yāo

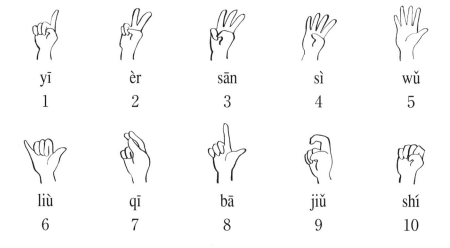

yī	èr	sān	sì	wǔ
1	2	3	4	5

liù	qī	bā	jiǔ	shí
6	7	8	9	10

●本文に基づき、下線部にピンインを入れましょう。

A: Nǐ de shēngrì shì _____ ?

B: Shí yuè shíyī hào.

A: Shì jīntiān a! Zhù nǐ _____ !

B: Xièxie.

※※※※※※※※※※※※※※※※※※※※※※※※※※※※※※※※※※※※※※※

A: Fángjiān _____ shì _____ ?

B: Yāo líng èr bā.

A: Qǐng _____ .

B: Yāo líng èr bā.

| 注意したい簡体字 | 乐 | 几 | 间 | 说 |

🎧 A68

単 語

● 本文単語 ─────────────

1. 生日 shēngrì ［名］誕生日

2. 几 jǐ ［疑］いくつ

3. 月 yuè ［名］月

4. 号 hào ［名］日

5. 十 shí ［数］10

6. 十一 shíyī ［数］11

7. 今天 jīntiān ［名］今日

8. 啊 a ［助］驚き、感嘆、同意の語気を表す

9. 祝 zhù ［動］祈る、祝う

10. 快乐 kuàilè ［形］楽しい

11. 房间 fángjiān ［名］部屋

12. 号码 hàomǎ ［名］番号

13. 多少 duōshao ［疑］どれくらい

14. 0（零）líng ［数］ゼロ

15. 再 zài ［副］再び

16. 说 shuō ［動］言う、話す

17. 一 yī (yāo) ［数］1

18. 遍 biàn ［量］～遍、～回、～度

● 学習ポイント単語 ─────

1. 电话 diànhuà ［名］電話

2. 一百 yìbǎi ［数］100

你吃什么？

何を食べますか

目標 食べたいもの、飲みたいものをたずねる

A：Nǐ chī shénme?

B：Wǒ chī miàn, nǐ ne?

A：Wǒ chī chǎofàn.

B：Nǐ hē bu hē píjiǔ?

A：Wǒ bù hē, wǒ hē chá.

A：Nǐ qù bu qù túshūguǎn?

B：Wǒ bú qù, wǒ huí jiā.

A：Nǐ míngtiān lái xuéxiào ma?

B：Lái, xiàwǔ lái.

A：Nà, míngtiān jiàn.

B：Míngtiān jiàn.

注 釈

時間詞の位置："明天" "下午" のように「いつ」を表す言葉を時間詞と言い、動詞よりも前に置く。

　　例）我明天去学校。　　明天我去学校。

A：你吃什么？

B：我吃面，你呢？

A：我吃炒饭。

B：你喝不喝啤酒？

A：我不喝，我喝茶。

※※※※※※※※※※※※※※※※※※※※※※

A：你去不去图书馆？

B：我不去，我回家。

A：你明天来学校吗？

B：来，下午来。

A：那，明天见。

B：明天见。

用汉语怎么说 ❓

A

① 何を食べるかとたずねる
② 食べたいものをこたえる
③ ビールではなく、お茶を飲むという
※※※※※※※※※※※※※※※※※※※※
④ 図書館に行くかどうかたずねる
⑤ 明日学校に来るかとたずねる
⑥ それではまた明日という

B

① こたえてから、相手にもたずねる
② ビールを飲むかどうかたずねる
※※※※※※※※※※※※※※※※※※※※
④ 行かない、帰宅するという
⑤ 午後に来るという
⑥ また明日という

学習ポイント

1 動詞述語文

動詞が述語となる文を動詞述語文という。

	主語	＋	述語（動詞＋目的語）	
肯定文：	我		吃	面。	Wǒ chī miàn.
否定文：	我	不	吃	面。	Wǒ bù chī miàn.
疑問文：	你		吃	面 吗？	Nǐ chī miàn ma?

2 反復疑問文

　動詞や形容詞の肯定形と否定形を並べると疑問文となり、これを反復疑問文という。文末に"吗"はつけない。

		肯定形	否定形			
①	你	是	不 是	日本人？		Nǐ shì bu shì Rìběnrén?
	我	是		日本人。		Wǒ shì Rìběnrén.
②	你	吃	不 吃	炒饭？		Nǐ chī bu chī chǎofàn?
	我		不 吃	炒饭。		Wǒ bù chī chǎofàn.
③	汉语	难	不 难？			Hànyǔ nán bu nán?
	汉语	很	难。			Hànyǔ hěn nán.

注）反復疑問文の"不"は軽声で読む。

●下線部を入れ替えて練習しましょう。

1) A: Nǐ qù bu qù túshūguǎn?　　　　　　你去不去 图书馆？

B: Wǒ bú qù túshūguǎn, wǒ qù xuéxiào.　我不去 图书馆，我去 学校。

① 喝 hē　　　　果汁 guǒzhī　　　　红茶 hóngchá

② 吃 chī　　　　面 miàn　　　　　　炒饭 chǎofàn

③ 回 huí　　　　家 jiā　　　　　　　公司 gōngsī

2) A: Wūlóngchá hǎohē bu hǎohē?　　乌龙茶 好喝不好喝？

B: Wūlóngchá hěn hǎohē.　　　　　　乌龙茶很好喝。

① 日本歌 Rìběngē　　　　　好听 hǎotīng

② 中国菜 Zhōngguócài　　　好吃 hǎochī

③ 他的汉语 tā de Hànyǔ　　好 hǎo

3) A: Zhè shì bu shì mòlìhuāchá?　　这是不是茉莉花茶？

B: Bú shì, shì wūlóngchá.　　　　　不是，是乌龙茶。

① 那 nà　　　　　　红茶 hóngchá　　　　　咖啡 kāfēi

② 他 tā　　　　　　中国人 Zhōngguórén　　日本人 Rìběnrén

③ 明天 míngtiān　　五号 wǔ hào　　　　　四号 sì hào

小老师に聞いてみよう！

① "你来学校明天吗？"といったら間違っていると言われました。なぜでしょう？

② "汉语难不难吗？"といったら間違っていると言われました。なぜでしょう？

③ 「おいしい」は中国語では何といいますか？

A74

食べもの・飲みもの

冰淇淋	蛋糕	面包	三明治
bīngqílín	dàngāo	miànbāo	sānmíngzhì
アイスクリーム	ケーキ	パン	サンドイッチ
饺子	饭团	米饭	鸡蛋
jiǎozi	fàntuán	mǐfàn	jīdàn
ギョーザ	おにぎり	ご飯	たまご
绿茶	牛奶	酸奶	矿泉水
lùchá	niúnǎi	suānnǎi	kuàngquánshuǐ
緑茶	牛乳	ヨーグルト	ミネラルウォーター
可乐	葡萄酒	黄瓜	西红柿
kělè	pútaojiǔ	huángguā	xīhóngshì
コーラ	ワイン	キュウリ	トマト

単 語

 A75 ●本文単語●

1. 吃 chī ［動］食べる
2. 面 miàn ［名］麺
3. 炒饭 chǎofàn ［名］チャーハン
4. 啤酒 píjiǔ ［名］ビール
5. 去 qù ［動］行く
6. 图书馆 túshūguǎn ［名］図書館
7. 回 huí ［動］帰る、戻る
8. 家 jiā ［名］家
9. 明天 míngtiān ［名］明日
10. 来 lái ［動］来る
11. 学校 xuéxiào ［名］学校
12. 下午 xiàwǔ ［名］午後
13. 那 nà ［接］それでは
14. 见 jiàn ［動］会う

 A76 ●学習ポイント・練習単語●

1. 日本人 Rìběnrén ［名］日本人
2. 汉语 Hànyǔ ［名］中国語
3. 难 nán ［形］難しい
4. 果汁 guǒzhī ［名］ジュース
5. 红茶 hóngchá ［名］紅茶
6. 公司 gōngsī ［名］会社
7. 日本歌 Rìběngē ［名］日本の歌
8. 好听 hǎotīng ［形］（聞いて）美しい
9. 中国菜 Zhōngguócài ［名］中華料理
10. 好吃 hǎochī ［形］（食べて）おいしい
11. 茉莉花茶 mòlìhuāchá ［名］ジャスミン茶
12. 咖啡 kāfēi ［名］コーヒー
13. 中国人 Zhōngguórén ［名］中国人

你家在哪儿？

家はどこですか

目標 住んでいる所や家族についてたずねる

A77
A78

A： Nǐ jiā zài nǎr?

B： Wǒ jiā zài Běijīng.

A： Nǐ jiā yǒu jǐ kǒu rén?

B： Wǒ jiā yǒu sān kǒu rén. Qīzi、érzi hé wǒ.

A： Nǐ yǒu xiōngdì jiěmèi ma?

B： Méiyǒu, nǐ ne?

A： Wǒ yǒu liǎng ge gēge.

B： Shì ma. Zhēn xiànmù!

注 釈

① "口"：家族の人数を数える時に使う量詞。
② "和"：複数のものを列挙する場合は "a、b 和 c" のようになる。

A： 你家在哪儿？

B： 我家在北京。

A： 你家有几口人？

B： 我家有三口人。妻子、儿子和我。

A： 你有兄弟姐妹吗？

B： 没有，你呢？

A： 我有两个哥哥。

B： 是吗。真羡慕！

用汉语怎么说 ?

A

① 家はどこにあるかとたずねる
② 何人家族かとたずねる
③ 兄弟姉妹がいるかとたずねる
④ 兄が二人いるとこたえる

B

① 自宅の場所をこたえる
② 人数をこたえ、家族構成をいう
② いないとこたえ、相手にもたずねる
④ うらやましいという

1 "哪儿"

場所をたずねる疑問詞。

你去哪儿？ Nǐ qù nǎr?
你家在哪儿？ Nǐ jiā zài nǎr?

2 "在"

存在を表す動詞 "在" は、人やモノがどこに存在するのかを表す。

人・モノ ＋ "在" ＋ 場所
肯定文： 他家 在 北京。 Tā jiā zài Běijīng.
否定文： 他家 不 在 北京。 Tā jiā bú zài Běijīng.
疑問文： 你家 在 北京 吗？ Nǐ jiā zài Běijīng ma?
你 在 哪儿？ Nǐ zài nǎr?

3 "有"

所有を表す場合は動詞 "有" を用いる。否定文では "没有" を用い、"有" は省略できる。

肯定文： 我 有 两个哥哥。 Wǒ yǒu liǎng ge gēge.
否定文： 弟弟 没 有 手机。 Dìdi méiyǒu shǒujī.
弟弟 没 手机。 Dìdi méi shǒujī.
疑問文： 你 有 妹妹 吗？ Nǐ yǒu mèimei ma?
你 有 没有 弟弟？ Nǐ yǒu méiyǒu dìdi?

4 指示代名詞（2）

この	その	あの	どの
这个 zhè ge (zhèi ge)	那个 nà ge (nèi ge)		哪个 nǎ ge (něi ge)

ここ	そこ	あそこ	どこ
这儿 zhèr	那儿 nàr		哪儿 nǎr
这里 zhèli	那里 nàli		哪里 nǎli

5 量詞の使い方

「兄一人」、「本二冊」のように人やモノを数える時には、数詞と名詞の間に量詞を置く。この場合、「二」は"两"を用いる。

数詞 ＋ 量詞 ＋ 名詞

一　　个　　哥哥　　　　　　yí ge gēge

两　　本　　书　　　　　　　liǎng běn shū

「この人」、「あの本」、「どの学校」という場合、指示代名詞"这"、"那"、"哪"と名詞の間に量詞を置く。

指示代名詞 ＋ 量詞 ＋ 名詞

这　　　个　　　人　　　　　　　zhè ge rén

那　　　本　　　书　　　　　　　nà běn shū

哪　　　个　　　学校　　　　　　nǎ ge xuéxiào

A79

早口言葉に挑戦！

吃葡萄不吐葡萄皮儿，　　　　Chī pútao bù tǔ pútao pír,

不吃葡萄倒吐葡萄皮儿。　　　bù chī pútao dào tǔ pútao pír.

四是四，十是十，　　　Sì shì sì, shí shì shí,

十四是十四，　　　　　shísì shì shísì,

四十是四十。　　　　　sìshí shì sìshí.

十四不是四十，　　　　Shísì bú shì sìshí,

四十不是十四。　　　　sìshí bú shì shísì.

●下線部を入れ替えて練習しましょう。

🎧A80 1) A: Nǐ jiā zài nǎr? 你家在哪儿？

B: Wǒ jiā zài <u>Běijīng</u>. 我家在<u>北京</u>。

① 东京 Dōngjīng ② 京都 Jīngdū ③ 上海 Shànghǎi

🎧A81 2) A: Tā zài jiā ma? 他在家吗？

B: Tā bú zài jiā, zài <u>gōngsī</u>. 他不在家，在<u>公司</u>。

① 学校 xuéxiào ② 图书馆 túshūguǎn ③ 咖啡馆 kāfēiguǎn

🎧A82 3) A: Nǐ yǒu xiōngdì jiěmèi ma? 你有兄弟姐妹吗？

B: Wǒ yǒu <u>liǎng ge gēge</u>. 我有<u>两个哥哥</u>。

① 一个姐姐 yí ge jiějie

② 两个妹妹 liǎng ge mèimei

③ 一个哥哥和一个弟弟 yí ge gēge hé yí ge dìdi

🎧A83 4) A: Nǐ mǎi jǐ <u>běn</u> <u>shū</u>? 你买几<u>本</u> <u>书</u>？

B: Wǒ mǎi <u>sān</u> <u>běn</u> <u>shū</u>. 我买<u>三本</u> <u>书</u>。

① 本 běn 杂志 zázhì 四 sì

② 个 ge 包子 bāozi 两 liǎng

③ 个 ge 饭团 fàntuán 三 sān

① "我有二个哥哥。" といったら間違っていると言われました。なぜでしょう？

② "弟弟不有手机。" といったら間違っていると言われました。なぜでしょう？

③ 「そこ」は中国語で何といいますか？

A84

親族の呼称

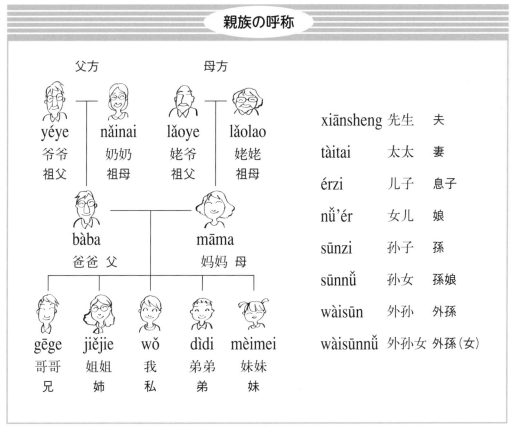

父方		母方	
yéye	nǎinai	lǎoye	lǎolao
爷爷	奶奶	姥爷	姥姥
祖父	祖母	祖父	祖母

bàba 爸爸 父 　　māma 妈妈 母

gēge	jiějie	wǒ	dìdi	mèimei
哥哥	姐姐	我	弟弟	妹妹
兄	姉	私	弟	妹

xiānsheng	先生	夫
tàitai	太太	妻
érzi	儿子	息子
nǚ'ér	女儿	娘
sūnzi	孙子	孫
sūnnǚ	孙女	孫娘
wàisūn	外孙	外孫
wàisūnnǚ	外孙女	外孫（女）

単 語

 本文単語

1. 在 zài ［動］（～に）ある、いる
2. 哪儿 nǎr ［疑］どこ
3. 北京 Běijīng ［名］北京
4. 有 yǒu ［動］いる、持っている
5. 口 kǒu ［量］～人（家族を数える）
6. 人 rén ［名］人
7. 妻子 qīzi ［名］妻
8. 儿子 érzi ［名］息子
9. 和 hé ［接・介］～と
10. 兄弟姐妹 xiōngdì jiěmèi ［名］兄弟姉妹
11. 没有 méiyǒu

    ［動］いない、持っていない
12. 两 liǎng ［数］2
13. 个 ge ［量］～人、～個
14. 哥哥 gēge ［名］兄
15. 羡慕 xiànmù ［動］うらやむ、羨ましい

 学習ポイント・練習単語

1. 弟弟 dìdi ［名］弟
2. 手机 shǒujī ［名］携帯電話
3. 妹妹 mèimei ［名］妹
4. 本 běn ［量］～冊
5. 书 shū ［名］本
6. 东京 Dōngjīng ［名］東京
7. 京都 Jīngdū ［名］京都
8. 上海 Shànghǎi ［名］上海
9. 咖啡馆 kāfēiguǎn ［名］喫茶店
10. 姐姐 jiějie ［名］姉
11. 买 mǎi ［動］買う
12. 杂志 zázhì ［名］雑誌
13. 包子 bāozi ［名］中華まん
14. 饭团 fàntuán ［名］おにぎり

A87

春晓

孟浩然

春 眠 不 觉 晓
处 处 闻 啼 鸟
夜 来 风 雨 声
花 落 知 多 少

Chūn xiǎo

Mèng Hàorán

chūn mián bù jué xiǎo

chù chù wén tí niǎo

yè lái fēng yǔ shēng

huā luò zhī duō shǎo

你去哪儿？

どこへ行くの

目標 行き先や目的をいう／手段、方法をいう

A88
A89

A： Nǐ qù nǎr?

B： Wǒ qù Yínzuò.

A： Nǐ qù Yínzuò zuò shénme?

B： Wǒ qù Yínzuò mǎi dōngxi.

A： Wǒ míngtiān qù Dàbǎn.

B： Shì ma? Nǐ qù Dàbǎn zuò shénme?

A： Wǒ qù Dàbǎn chū chāi.

B： Nǐ zěnme qù?

A： Wǒ zuò xīngànxiàn qù.

！ 注 釈

"做什么"：「何をする」という意味で、こたえる時は具体的な動詞を用いる。

A： 你去哪儿？

B： 我去银座。

A： 你去银座做什么？

B： 我去银座买东西。

A： 我明天去大阪。

B： 是吗？ 你去大阪做什么？

A： 我去大阪出差。

B： 你怎么去？

A： 我坐新干线去。

用汉语怎么说 ❓

A

① どこに行くのかとたずねる
② 目的をたずねる
③ 明日大阪に行くという
④ 出張に行くとこたえる
⑤ 新幹線で行くとこたえる

B

① 銀座に行くとこたえる
② 買い物に行くとこたえる
③ 目的をたずねる
④ 行く方法をたずねる

1 連動文

一つの主語に対して動詞が二つ以上置かれ、目的や手段などを表す文を連動文という。動作の行われる順に動詞を並べる。

主語 + 動詞1 + 目的語1 + 動詞2 + 目的語2

① 目的：「～へ行って…する／…しに～へ行く」

肯定文：	我	去银座	买东西	。	Wǒ qù Yínzuò mǎi dōngxi.
否定文：	他 不	去银座	买东西	。	Tā bú qù Yínzuò mǎi dōngxi.
疑問文：	你	去银座	做什么	？	Nǐ qù Yínzuò zuò shénme?

② 手段：「～で…する」

肯定文：	我	坐新干线	去大阪	。	Wǒ zuò xīngànxiàn qù Dàbǎn.
	我们	用汉语	写信	。	Wǒmen yòng Hànyǔ xiě xìn.
否定文：	他 不	坐新干线	去大阪	。	Tā bú zuò xīngànxiàn qù Dàbǎn.
疑問文：	你	坐地铁	去哪儿	？	Nǐ zuò dìtiě qù nǎr?

2 "怎么"

"怎么" は「どのように」という意味の疑問詞。後ろに動詞を伴って方法や手段などをたずねる。

"怎么" + 動詞

怎么	用？	Zěnme yòng?
怎么	去？	Zěnme qù?

1 下線部を入れ替えて練習しましょう。

A90　1)　A: Nǐ qù nǎr?　　　　　　　　你去哪儿？

　　　B: Wǒ qù Shànghǎi.　　　　　我去上海。

　　　A: Nǐ qù Shànghǎi zuò shénme?　你去上海做什么？

　　　B: Wǒ qù Shànghǎi chū chāi.　我去上海 出差。

　　① 银行 yínháng　　　　取钱 qǔ qián

　　② 医院 yīyuàn　　　　　看病 kàn bìng

　　③ 车站 chēzhàn　　　　接朋友 jiē péngyou

A91　2)　Zěnme qù?　　　　　　　　怎么去？

　　① 说 shuō　　② 写 xiě　　③ 念 niàn　　④ 做 zuò

A92　3)　A: Nǐ míngtiān qù nǎr?　　　你明天去哪儿？

　　　B: Wǒ qù Běihǎidào.　　　　我去北海道。

　　　A: Nǐ zěnme qù?　　　　　　你怎么去？

　　　B: Wǒ zuò fēijī qù.　　　　　我坐飞机去。

　　① 动物园 dòngwùyuán　　　坐地铁 zuò dìtiě

　　② 海边 hǎibiān　　　　　　骑自行车 qí zìxíngchē

　　③ 天津 Tiānjīn　　　　　　坐船 zuò chuán

2 音声を聞き、右の単語を選んで文を完成させましょう。

A93 1) ① 我去 _____ 买 _____。

② 哥哥去 _____ 买 _____。

③ 你去 _____ 买 _____ 吗？

银座	京都	超市
蛋糕	啤酒	绿茶

A94 2) ① 我坐 _____ 去 _____。

② 他坐 _____ 去 _____。

③ 我坐 _____ 去 _____。

船	新干线	飞机
北京	上海	大阪

A95 どこへ行く？ "去哪儿？"

超市	银行	医院	公园
chāoshì	yínháng	yīyuàn	gōngyuán
スーパーマーケット	銀行	病院	公園
百货公司	车站	机场	电影院
bǎihuò gōngsī	chēzhàn	jīchǎng	diànyǐngyuàn
デパート	駅、バス停	空港	映画館

A96 何をする？ "做什么？"

买东西	取钱	看病	散步
mǎi dōngxi	qǔ qián	kàn bìng	sàn bù
買い物をする	お金をおろす	診察を受ける	散歩をする
接朋友	开会	看樱花	看电影
jiē péngyou	kāi huì	kàn yīnghuā	kàn diànyǐng
友達を出迎える	会議をする	花見をする	映画を見る

小老师に聞いてみよう！

① "你做什么去银座？"といったら間違っていると言われました。なぜでしょう？

② "我去大阪出差。"といわれて、"你什么去？"とたずねたら間違っていると言われました。なぜでしょう？

③ 「飛行機で行く」や「自転車で行く」は、日本語ではどちらも「～で」を使いますが、中国語ではどのようにいいますか？

単　語

 A97

● 本文単語 ●

1. 银座 Yínzuò　[名] 銀座

2. 做 zuò　[動] ～する、作る

3. 买 mǎi　[動] 買う

4. 东西 dōngxi　[名] もの

5. 大阪 Dàbǎn　[名] 大阪

6. 出差 chū chāi　[動] 出張する

7. 怎么 zěnme　[疑] どのように

8. 坐 zuò　[動] 乗る

9. 新干线 xīngànxiàn　[名] 新幹線

 A98

● 学習ポイント・練習単語 ●

1. 写 xiě　[動] 書く

2. 信 xìn　[名] 手紙

3. 用 yòng　[動] 使う、用いる

4. 银行 yínháng　[名] 銀行

5. 取钱 qǔ qián　お金をおろす

6. 医院 yīyuàn　[名] 病院

7. 看病 kàn bìng
　　　　　　　診察する／診察を受ける

8. 车站 chēzhàn　[名] 駅、バス停

9. 接 jiē　[動] 出迎える

10. 念 niàn　[動]（声を出して）読む

11. 北海道 Běihǎidào　[名] 北海道

12. 飞机 fēijī　[名] 飛行機

13. 动物园 dòngwùyuán　[名] 動物園

14. 地铁 dìtiě　[名] 地下鉄

15. 海边 hǎibiān　[名] 海岸、海辺

16. 骑 qí　[動]（またがって）乗る

17. 自行车 zìxíngchē　[名] 自転車

18. 天津 Tiānjīn　[名] 天津

19. 船 chuán　[名] 船

第七课

你做什么工作？

ご職業は何ですか

目標 職業や趣味をたずねる

B01

B02

A： Nǐ zuò shénme gōngzuò?

B： Wǒ shì gōngsī zhíyuán.

A： Nǐ zài nǎr gōngzuò?

B： Wǒ zài yínháng gōngzuò.

A： Nǐ xǐhuan zuò shénme?

B： Wǒ xǐhuan dǎ tàijíquán.

A： Wǒ yě xǐhuan. Nǐ zài nǎr dǎ tàijíquán?

B： Zài gōngyuán, wǒmen měitiān dōu zài gōngyuán liànxí.

A： Zhēnde ma? Jǐ diǎn kāishǐ?

B： Zǎoshang liù diǎn bàn. Nǐ yě lái kànkan ba.

A： Hǎo.

! 注 释

① "我们每天都在公园练习"："每" と "都" は、よく一緒に使われる。

② "吧"：文末に置いて、勧誘や推量などの語気を表す。

　　例）我们开始吧。

　　　　这是乌龙茶吧？

A：你做什么工作？

B：我是公司职员。

A：你在哪儿工作？

B：我在银行工作。

⬥⬥

A：你喜欢做什么？

B：我喜欢打太极拳。

A：我也喜欢。你在哪儿打太极拳？

B：在公园，我们每天都在公园练习。

A：真的吗？ 几点开始？

B：早上六点半。你也来看看吧。

A：好。

用汉语怎么说 ❓

A	**B**
① 職業をたずねる	① 職業をこたえる
② どこで働いているかとたずねる	② 働いている所をこたえる
✦✦✦✦✦✦✦✦✦✦✦	✦✦✦✦✦✦✦✦✦✦✦
③ 何が好きかとたずねる	③ 太極拳が好きだとこたえる
④ 自分も好きだといい、どこでやっているのかをたずねる	④ 場所を伝え、毎日そこで練習しているという
⑤「本当？」といって、何時からやっているのかと聞く	⑤ 朝の6時半からだと伝え、見に来るように誘う
⑥ わかったという	

1 "在"「～で」

介詞"在"は、どこでその動作・行為をするのかを表す。
否定文は"不"を"在"の前に置く。

"在" ＋ 場所 ＋ 動詞（＋目的語）： 「（場所）で～する」

肯定文：	我		在	银行	工作。		Wǒ zài yínháng gōngzuò.
否定文：	我	不	在	银行	工作。		Wǒ bú zài yínháng gōngzuò.
疑問文：	你		在	银行	工作	吗？	Nǐ zài yínháng gōngzuò ma?
	你		在	哪儿	工作？		Nǐ zài nǎr gōngzuò?

2 "喜欢"

"喜欢"＋名詞／動詞「～（するの）が好きだ」

我喜欢秋天，不喜欢冬天。　　　Wǒ xǐhuan qiūtiān, bù xǐhuan dōngtiān.
我喜欢学汉语。　　　　　　　　Wǒ xǐhuan xué Hànyǔ.

3 動詞の重ね型

"看看"のように動詞を重ねると「ちょっと～する、～してみる」という意味になる。
単音節と二音節の重ね型は次のようになる。

・単音節

你尝尝。　　　　　　　　　　　Nǐ chángchang.

・二音節

我们休息休息。　　　　　　　　Wǒmen xiūxi xiūxi.

4 時刻のいい方

「～時」は"～点 diǎn"、「～分」は"～分 fēn"といい、時刻をたずねる時には"几点"を用いる。

例) 现在几点？　　Xiànzài jǐ diǎn?　　今何時ですか？

7：05	七点零五分	qī diǎn líng wǔ fēn 1～9分の場合"零 líng"を入れて読む
12：15	十二点十五分 十二点一刻	shí'èr diǎn shíwǔ fēn shí'èr diǎn yí kè
2：30	两点三十分 两点半	liǎng diǎn sānshí fēn liǎng diǎn bàn
6：45	六点四十五分 六点三刻	liù diǎn sìshiwǔ fēn liù diǎn sān kè
9：50	九点五十分 差十分十点	jiǔ diǎn wǔshí fēn chà shí fēn shí diǎn

朝	午前	昼	午後	夜
早上 zǎoshang	上午 shàngwǔ	中午 zhōngwǔ	下午 xiàwǔ	晚上 wǎnshang

5 年／月／週／日 (1)

おととい	昨日	今日	明日	あさって
前天 qiántiān	昨天 zuótiān	今天 jīntiān	明天 míngtiān	后天 hòutiān

1 下線部を入れ替えて練習しましょう。

B03 1) A: Nǐ zuò shénme gōngzuò?　你做什么工作？

B: Wǒ shì <u>lǎoshī</u>.　我是<u>老师</u>。

① 医生 yīshēng　② 导游 dǎoyóu　③ 服务员 fúwùyuán

B04 2) A: Wǒmen zài nǎr <u>jiàn miàn</u>?　我们在哪儿<u>见面</u>？

B: Wǒmen zài <u>chēzhàn jiàn miàn</u>.　我们在<u>车站 见面</u>。

① 集合 jíhé　　　学校 xuéxiào
② 下车 xià chē　　大阪 Dàbǎn
③ 换车 huàn chē　银座 Yínzuò

B05 3) A: Nǐ xǐhuan zuò shénme?　你喜欢做什么？

B: Wǒ xǐhuan <u>dǎ wǎngqiú</u>.　我喜欢<u>打网球</u>。

① 养花 yǎng huā　② 跑步 pǎo bù　③ 旅游 lǚyóu

B06 4) A: Xiànzài jǐ diǎn?　现在几点？

B: <u>Liǎng diǎn bàn</u>.　<u>两点半</u>。

① 四点一刻 sì diǎn yí kè
② 十一点三刻 shíyī diǎn sān kè
③ 差五分九点 chà wǔ fēn jiǔ diǎn

B07 **2** 音声を聞き、右の単語を選んで文を完成させましょう。

1) 她是 _____ ，她在 _____ _____ 。

2) 我是 _____ ，我在 _____ _____ 。

3) 我喜欢 _____ ，每天在 _____ _____ 。

4) 她喜欢 _____ ，每天在 _____ _____ 。

| 公司职员　工作　学生 |
| 银行　咖啡馆　家　学校 |
| 喝咖啡　看书　学汉语 |

小老师に聞いてみよう！

① "你做什么工作？"と聞かれて、"我做公司职员。"とこたえたら間違っていると言われました。なぜでしょう？

② "你打太极拳在哪儿？"といったら間違っていると言われました。なぜでしょう？

③「サッカーが好きです」は中国語で何といいますか？

🎧 B08

いろいろな職業

演员	设计师	警察	护士	翻译
yǎnyuán	shèjìshī	jǐngchá	hùshi	fānyì
俳優	デザイナー	警官	看護師	通訳
记者	作家	律师	会计师	艺人
jìzhě	zuòjiā	lǜshī	kuàijìshī	yìrén
記者	作家	弁護士	会計士	芸能人

🎧 B09

いろいろな趣味

打棒球	打篮球	打排球	打高尔夫球
dǎ bàngqiú	dǎ lánqiú	dǎ páiqiú	dǎ gāo'ěrfūqiú
野球をする	バスケットボールをする	バレーボールをする	ゴルフをする
打乒乓球	踢足球	爬山	滑雪
dǎ pīngpāngqiú	tī zúqiú	pá shān	huá xuě
卓球をする	サッカーをする	山登りをする	スキーをする
游泳	看球赛	画画儿	弹钢琴
yóu yǒng	kàn qiúsài	huà huàr	tán gāngqín
水泳をする	球技を観戦する	絵を描く	ピアノを弾く
跳舞	做菜	插花	听音乐
tiào wǔ	zuò cài	chā huā	tīng yīnyuè
ダンスをする	料理をする	花を生ける	音楽を聴く

単　語

● 本文単語 ●

1. 工作 gōngzuò　[動・名] 働く、仕事
2. 公司 gōngsī　[名] 会社
3. 职员 zhíyuán　[名] 職員
4. 在 zài　[介] ～で、～に
5. 银行 yínháng　[名] 銀行
6. 喜欢 xǐhuan　[動] 好む、好きだ
7. 打 dǎ　[動] （球技を）する、打つ
8. 太极拳 tàijíquán　[名] 太極拳
9. 公园 gōngyuán　[名] 公園
10. 我们 wǒmen　[代] 私たち

11. 每天 měitiān　[名] 毎日
12. 都 dōu　[副] すべて、みな
13. 练习 liànxí　[動・名] 練習する、練習
14. 真的 zhēnde　本当の～、本当に
15. 点 diǎn　[量] ～時
16. 开始 kāishǐ　[動] 始まる、始める
17. 早上 zǎoshang　[名] 朝
18. 半 bàn　[数] 半、半分
19. 看 kàn　[動] 見る、読む
20. 吧 ba　[助] 勧誘・推量の語気を表す

● 学習ポイント・練習単語 ●

1. 秋天 qiūtiān　[名] 秋
2. 冬天 dōngtiān　[名] 冬
3. 学 xué　[動] 学ぶ
4. 尝 cháng　[動] 味をみる
5. 休息 xiūxi　[動] 休む、休憩する
6. 现在 xiànzài　[名] 現在、今
7. 分 fēn　[量] ～分
8. 刻 kè　[量] 15分
9. 差 chà　[動] 足りない
10. 前天 qiántiān　[名] おととい
11. 昨天 zuótiān　[名] 昨日
12. 后天 hòutiān　[名] あさって

13. 老师 lǎoshī　[名] 教師、先生
14. 医生 yīshēng　[名] 医師
15. 导游 dǎoyóu　[名] ガイド
16. 服务员 fúwùyuán　[名] 従業員
17. 见面 jiàn miàn　[動] 会う
18. 集合 jíhé　[動] 集合する
19. 下车 xià chē　下車する
20. 换车 huàn chē　乗り換える
21. 打网球 dǎ wǎngqiú　テニスをする
22. 养花 yǎng huā　花を育てる
23. 跑步 pǎo bù　[動] 走る、ランニングする
24. 旅游 lǚyóu　[動] 旅行する

静夜思

李白

床 前 明 月 光
疑 是 地 上 霜
举 头 望 明 月
低 头 思 故 乡

Jìng yè sī

Lǐ Bái

chuáng qián míng yuè guāng

yí shì dì shàng shuāng

jǔ tóu wàng míng yuè

dī tóu sī gù xiāng

自我介绍

自己紹介

目標 自己紹介ができる

B13
B14

Dàjiā hǎo. Wǒ xìng Xiǎolín, jiào Xiǎolín Jiànyī, jīnnián sānshiliù suì. Wǒ shì Dōngjīngrén, shì gōngsī zhíyuán. Wǒ de àihào shì chàng gē, wǒ xǐhuan chàng Zhōngguógē. Wǒ zài yǔyán xuéxiào xuéxí Hànyǔ, Hànyǔ hěn yǒu yìsi.

Yǐhòu qǐng duōduō guānzhào.

大家好。我姓小林，叫小林健一，今年三十六岁。我是东京人，是公司职员。我的爱好是唱歌，我喜欢唱中国歌。我在语言学校学习汉语，汉语很有意思。

以后请多多关照。

! 注 释

"请多多关照。"：「どうぞよろしくお願いします」という意味。

我的一天

私の一日

Wǒ měitiān zǎoshang qī diǎn qǐ chuáng, qī diǎn bàn chī zǎofàn, bā diǎn yí kè chū mén, zuò dìtiě qù gōngsī. Wǒmen gōngsī jiǔ diǎn shàng bān, liù diǎn xià bān. Zhōngwǔ wǒ gēn tóngshì zài wàibiān chī fàn. Wǒ gōngzuò hěn máng, chángcháng jiā bān, yǒu shíhou wǎnshang bā、jiǔ diǎn huí jiā. Wǒ shí'èr diǎn shuì jiào.

我每天早上七点起床，七点半吃早饭，八点一刻出门，坐地铁去公司。我们公司九点上班，六点下班。中午我跟同事在外边吃饭。我工作很忙，常常加班，有时候晚上八、九点回家。我十二点睡觉。

注 釈

① "八、九点"：連続する数字を並べて概数を表す。
② 中国語の句読点："、" は語句を並列する時に使い、","は文の切れ目を表す。

●本文に基づいて問答練習をしましょう。

「自己紹介」

1. 小林さんは今年何歳ですか。
2. 彼はどこの出身ですか。
3. 趣味は何ですか。
4. どんな歌を歌うのが好きですか。
5. どこで中国語を勉強していますか。
6. 中国語は面白いですか。

「私の一日」

1. 小林さんは何時に出社しますか。
2. 彼はどうやって会社に行きますか。
3. 仕事が忙しいですか。
4. お昼は誰と食事をしますか。
5. よく残業しますか。
6. 彼は何時に寝ますか。

B17 "Zìwǒ jièshào"

1. Xiǎolín jīnnián duōdà?
2. Tā shì nǎr de rén?
3. Xiǎolín de àihào shì shénme?
4. Tā xǐhuan chàng shénme gē?
5. Xiǎolín zài nǎr xuéxí Hànyǔ?
6. Hànyǔ yǒu yìsi ma?

B18 "Wǒ de yìtiān"

1. Xiǎolín jǐ diǎn shàng bān?
2. Tā zěnme qù gōngsī?
3. Xiǎolín gōngzuò máng bu máng?
4. Zhōngwǔ Xiǎolín gēn shéi chī fàn?
5. Tā chángcháng jiā bān ma?
6. Tā jǐ diǎn shuì jiào?

"自我介绍"

1. 小林今年多大？
2. 他是哪儿的人？
3. 小林的爱好是什么？
4. 他喜欢唱什么歌？
5. 小林在哪儿学习汉语？
6. 汉语有意思吗？

"我的一天"

1. 小林几点上班？
2. 他怎么去公司？
3. 小林工作忙不忙？
4. 中午小林跟谁吃饭？
5. 他常常加班吗？
6. 他几点睡觉？

1 年齢のたずね方

・一般的な場合

你多大（了）？   Nǐ duōdà (le)?

・小さい子に聞く場合

小朋友，你几岁（了）？   Xiǎopéngyou, nǐ jǐ suì (le)?

・年配の方に聞く場合

您多大年纪（了）？   Nín duōdà niánjì (le)?

2 名詞述語文

　年月日、時刻、年齢、値段などを表す名詞は述語となることができ、このような文を名詞述語文と言う。否定文では "不是" を使う。

　　　　　　主語　＋　　述語（名詞）

肯定文：　今天　　　　　五号。　　　　　　　Jīntiān wǔ hào.

否定文：　今天　不是　五号。　　　　　　　Jīntiān bú shì wǔ hào.

3 "跟"

介詞 "跟" は、その動作・行為を誰とするのかを表す。

　"跟" ＋ 人 ＋ 動詞（＋目的語）：「（人）と〜する」

我　跟　　同事　　在外边吃饭。　　　　　Wǒ gēn tóngshì zài wàibiān chī fàn.

你　跟　　谁　　去？　　　　　　　　　Nǐ gēn shéi qù?

4 主述述語文

述語部分が「主語＋述語」になっている文を主述述語文という。

　　　　　　主語　＋　述語（主語＋述語）

肯定文：　他　　工作 很忙。　　　　　　　Tā gōngzuò hěn máng.

否定文：　他　　工作 不忙。　　　　　　　Tā gōngzuò bù máng.

疑問文：　他　　工作 忙　吗？　　　　　　Tā gōngzuò máng ma?

1 下線部を入れ替えて練習しましょう。

B19 1)　A: Jǐ diǎn <u>chū mén</u>?　　　　　几点<u>出门</u>？

　　　　B: <u>Bā diǎn chū mén</u>.　　　　　<u>八点 出门</u>。

　　　　① 下班 xià bān　　　　六点 liù diǎn
　　　　② 回家 huí jiā　　　　七点 qī diǎn
　　　　③ 吃早饭 chī zǎofàn　　七点半 qī diǎn bàn

B20 2)　A: Nǐ gēn shéi qù <u>chī fàn</u>?　　你跟谁去吃饭？

　　　　B: Wǒ gēn <u>tóngshì</u> qù <u>chī fàn</u>.　我跟同事去吃饭。

　　　　① 旅游 lǚyóu　　　　　家里人 jiālirén
　　　　② 看电影 kàn diànyǐng　同学 tóngxué
　　　　③ 喝酒 hē jiǔ　　　　　朋友 péngyou

B21 3)　A: Tā <u>gōngzuò máng</u> ma?　　他<u>工作</u> <u>忙</u>吗？

　　　　B: Tā <u>gōngzuò</u> hěn <u>máng</u>.　　他<u>工作</u>很<u>忙</u>。

　　　　① 身体 shēntǐ　　　好 hǎo
　　　　② 学习 xuéxí　　　认真 rènzhēn
　　　　③ 个子 gèzi　　　　高 gāo

2 質問に答え、自分の一日を紹介してみましょう。

1. Nǐ jǐ diǎn qǐ chuáng?　　　　你几点起床？

2. Qǐ chuáng yǐhòu zuò shénme?　　　起床以后做什么？

3. Nǐ jǐ diǎn chū mén?　　　　你几点出门？

4. Nǐ jǐ diǎn shàng bān?　　　你几点上班？

5. Zhōngwǔ jǐ diǎn chī fàn?　　　中午几点吃饭？

6. Nǐ gēn shéi chī fàn?　　　　你跟谁吃饭？

7. Nǐ jǐ diǎn xià bān?　　　　你几点下班？

8. Nǐ jǐ diǎn huí jiā?　　　　你几点回家？

9. Huí jiā yǐhòu, nǐ zuò shénme?　　回家以后，你做什么？

10. Nǐ jǐ diǎn shuì jiào?　　　　你几点睡觉？

 小老师に聞いてみよう！

① "今天不五号。"といったら間違っていると言われました。なぜでしょう。

② "我在外边吃饭跟同事。"といったら間違っていると言われました。なぜでしょう。

③ 時間を表す言葉は動詞の前に置きますか、それとも動詞の後ろですか。

●━━━━━━━━━━ ● 本文単語 ● ━━━━━━━━━━●

1. 自我介绍 zìwǒ jièshào　自己紹介
2. 介绍 jièshào　［動］紹介する
3. 大家 dàjiā　［代］みなさん
4. 小林 Xiǎolín　［名］小林
5. 健一 Jiànyī　［名］健一
6. 今年 jīnnián　［名］今年
7. 岁 suì　［量］～歳
8. 爱好 àihào　［名］趣味
9. 唱 chàng　［動］歌う
10. 歌 gē　［名］歌
11. 语言 yǔyán　［名］言語、言葉
12. 学习 xuéxí　［動］学ぶ、勉強する
13. 有意思 yǒu yìsi　［形］面白い
14. 以后 yǐhòu　［名］今後、～以後
15. 多多关照 duōduō guānzhào
　　　　　　　　どうぞよろしく

16. 起床 qǐ chuáng　［動］起きる
17. 早饭 zǎofàn　［名］朝食
18. 出门 chū mén　［動］出かける、外出する
19. 地铁 dìtiě　［名］地下鉄
20. 上班 shàng bān　［動］出勤する
21. 下班 xià bān　［動］退勤する
22. 中午 zhōngwǔ　［名］正午、昼
23. 跟 gēn　［介］～と
24. 同事 tóngshì　［名］同僚
25. 外边 wàibiān　［名］外
26. 饭 fàn　［名］ご飯、食事
27. 常常 chángcháng　［副］いつも、よく
28. 加班 jiā bān　［動］残業する
29. 有时候 yǒu shíhou　［名］ときどき
30. 晚上 wǎnshang　［名］夜
31. 睡觉 shuì jiào　［動］寝る

●━━━━━━━━ ● 学習ポイント・練習単語 ● ━━━━━━━━●

1. 多大 duōdà　いくつ
2. 小朋友 xiǎopéngyou
　　［名］子供に対する呼びかけの言葉
3. 年纪 niánjì　［名］年齢
4. 家里人 jiālirén　［名］家族
5. 电影 diànyǐng　［名］映画

6. 同学 tóngxué　［名］同級生
7. 酒 jiǔ　［名］酒
8. 身体 shēntǐ　［名］身体
9. 认真 rènzhēn　［形］真面目である
10. 个子 gèzi　［名］背丈
11. 高 gāo　［形］高い

第一课～第八课　まとめ

1　代名詞

中国語には人称代名詞、指示代名詞、疑問詞（疑問代名詞）の3種類の代名詞がある。

1）人称代名詞

	私	あなた	彼／彼女
単数	我 wǒ	你 nǐ ／ 您 nín	他／她 tā
複数	我们 wǒmen	你们 nǐmen	他们／她们 tāmen

2）指示代名詞

これ	それ	あれ	どれ
这 zhè		那 nà	哪 nǎ

この	その	あの	どの
这个 zhè ge (zhèi ge)		那个 nà ge (nèi ge)	哪个 nǎ ge (něi ge)

ここ	そこ	あそこ	どこ
这儿 zhèr 这里 zhèli		那儿 nàr 那里 nàli	哪儿 nǎr 哪里 nǎli

3）疑問詞（疑問代名詞）

誰	何	いくつ／どれくらい	どれ／どの
谁 shéi	什么 shénme	多少 duōshao	哪 nǎ

いくつ	どこ	どうやって	
几 jǐ	哪儿 nǎr	怎么 zěnme	

●左のページを参考に中国語を書き入れて、表を完成させましょう。

1）人称代名詞

	私	あなた	彼／彼女
単数			
複数			

2）指示代名詞

これ	それ	あれ	どれ

この	その	あの	どの

ここ	そこ	あそこ	どこ

3）疑問詞（疑問代名詞）

誰	何	いくつ／どれくらい	どれ／どの

いくつ	どこ	どうやって	

2 「述語」に着目！

中国語には形容詞述語文、動詞述語文、名詞述語文、主述述語文の4種類があります。

主語 述語

我

很忙。 ：形容詞述語文

喝茶。 ：動詞述語文

二十岁。 ：名詞述語文

身体很好。 ：主述述語文

3 紹介してみましょう！

ぼくの家族

ぼくは8歳、サッカーが大好きです。
妹は7歳、絵を描くのが好きです。
ぼくたちは毎日7時半に起き、8時15分に学校へ行きます。

おじいちゃんは69歳、毎朝7時に公園へ散歩に行きます。
おばあちゃんは61歳、おじいちゃんと散歩へ行きます。

お父さんは毎晩6時半に帰宅します。趣味は料理をすることです。
お母さんの趣味は試合の観戦とテニスをすることです。

●左のページを参考に中国語の文を作ってみましょう

主語　　　　　　　　　　　　　述語

我　　　　＿＿＿＿＿＿＿＿＿＿。　：形容詞述語文

　　　　　＿＿＿＿＿＿＿＿＿＿。　：動詞述語文

　　　　　＿＿＿＿＿＿＿＿＿＿。　：名詞述語文

　　　　　＿＿＿＿＿＿＿＿＿＿。　：主述述語文

●イラストを見ながら、中国語で紹介してみましょう。

ぼくの家族

●練習●━━━━━━━━━━━━━━━━━━━━━━━━━

1 日本語を参考に（　　）に入る語句を①～④から選びましょう。

(1) これは何茶ですか。

　　这是（　　　）茶？

　　①哪儿　　　②多少　　　③什么　　　④怎么

(2) 私は元気です、あなたは？

　　我很好，你（　　　）？

　　①吗　　　②几　　　③呢　　　④吧

(3) あなたはどのように行きますか。

　　你（　　　）去？

　　①怎么　　　②什么　　　③几　　　④多少

(4) 私はよく友達と食事に行きます。

　　我常常（　　　）朋友去吃饭。

　　①也　　　②跟　　　③在　　　④的

(5) あなたの職業は何ですか。

　　你（　　　）什么工作？

　　①是　　　②坐　　　③做　　　④在

2 日本語の意味になるようにピンインを並べ替えましょう。

(1) お知り合いになれてうれしいです。

　　nín ／ hěn ／ rènshi ／ gāoxìng
　　⇒

(2) 部屋番号は何番ですか。

　　shì ／ hàomǎ ／ duōshao ／ fángjiān
　　⇒

(3) もう一度言ってください。

　　shuō ／ biàn ／ qǐng ／ yí ／ zài
　　⇒

(4) 明日銀座に買い物に行きます。

Yínzuò ／ dōngxi ／ qù ／ míngtiān ／ wǒ ／ mǎi

⇒

(5) 昼は同僚と外で食事をします。

wàibiān ／ zhōngwǔ ／ gēn ／ zài ／ wǒ ／ fàn ／ tóngshì ／ chī

⇒

🎧 B24 ③ 音声を聞き、聞こえたものに○をつけましょう。

(1) 我姓小林。 ／ 我是小林。

(2) 十月十一号。 ／ 十一月十号 ／ 四月十号。

(3) 银行在那儿。 ／ 银行在哪儿？

(4) 你吃吗？ ／ 你去吗？

(5) 我上午在。 ／ 我下午在。

🎧 B25 ④ 音声を聞き、文を完成させましょう。

(1) 王丽每天 _____ 。

(2) 她 _____ 去公园 _____ 。

(3) 王丽 _____ 。

(4) 她 _____ 。

🎧 B26 ⑤ 音声を聞き、質問に中国語でこたえましょう。

(1) 妹妹今年几岁？ _____

(2) 爸爸多大年纪？ _____

(3) 小林做什么？ _____

(4) 明天几月几号？ _____

第九课

你去过迪士尼乐园吗？

ディズニーランドに行ったことがありますか

 目標　経験をたずねる／待ち合わせについて相談する

B27

B28

A： Nǐ qùguo Díshìní Lèyuán ma?
　　你　去　过　迪 士 尼　乐　园　　吗？

B： Wǒ méi qùguo.
　　我　没　去　过。

A： Nà, wǒmen qù Díshìní Lèyuán wánr, hǎo ma?
　　那，我　们　去　迪 士 尼 乐　园　　玩 儿，好　　吗？

B： Tài hǎo le! Shénme shíhou qù?
　　太　好　了！什　么　时　候　去？

A： Xià xīngqīliù qù, zěnmeyàng?
　　下　星 期 六 去，怎　么　样？

B： Méi wèntí. Wǒmen kāi chē qù háishi zuò
　　没　问 题。我　们　开　车　去　还 是　坐

diànchē qù?
电　车　去？

! 注 释

① 曜日の言い方

月	火	水	木	金	土	日
xīngqīyī	xīngqī'èr	xīngqīsān	xīngqīsì	xīngqīwǔ	xīngqīliù	xīngqīrì(tiān)
星期一	星期二	星期三	星期四	星期五	星期六	星期日（天）

② "太好了"：「よかった、わーい、うれしい」などの意味。

③ "不见不散"：中国人が待ち合わせをする時の決まり文句で「絶対待っている」という気持ちを含んでいる。

A： Zuò diànchē qù ba.
　　坐　电　车　去　吧。

B： Wǒmen zài nǎr jiàn miàn?
　　我　们　在　哪儿　见　面?

A： Qī diǎn bàn zài Dōngjīng zhàn, kěyǐ ma?
　　七　点　半　在　东　京　站，可以　吗?

B： Xíng, qī diǎn bàn, Dōngjīng zhàn,
　　行，七　点　半，东　京　站，

　　bú jiàn bú sàn.
　　不　见　不　散。

A： Bú jiàn bú sàn.
　　不　见　不　散。

用汉语怎么说 ?

A

① ディズニーランドに行ったことがあるかとたずねる
② 一緒に行こうと誘う
③ 来週の土曜はどうかとたずねる
④ 電車で行こうという
⑤ 時間と場所を提案する
⑥ 決まり文句をいう

B

① 行ったことがないとこたえる
② 喜んで、いつ行くかたずねる
③ 了承して、車と電車どちらで行くかたずねる
④ どこで会うかとたずねる
⑤ 確認し、待ち合わせをする時の決まり文句をいう

短　文

Wáng　Lì　méi　qùguo　Díshìní　Lèyuán,　Yóuměi
王　丽　没　去过　迪士尼　乐园,　由美

yuē　Wáng　Lì　yìqǐ　qù　Díshìní　Lèyuán　wánr.
约　王　丽　一起　去　迪士尼　乐园　玩儿。

Wáng　Lì　hěn　gāoxìng,　tāmen　xià　xīngqīliù
王　丽　很　高兴,　她们　下　星期六

zǎoshang　qī　diǎn　bàn　zài　Dōngjīng　zhàn　jiàn　miàn,
早　上　七　点　半　在　东京　站　见　面,

zuò　diànchē　qù　Díshìní　Lèyuán.
坐　电车　去　迪士尼　乐园。

●本文に基づいて問答練習をしましょう。

1. 王麗さんはディズニーランドに行ったことがありますか。

2. 由美さんは誰をディズニーランドに誘いましたか。

3. 彼女たちはどこへ遊びに行きますか。

4. 王麗さんは喜びましたか。

5. 彼女たちはいつ会いますか。

6. どこで会いますか。

7. どうやってディズニーランドに行きますか。

8. あなたはディズニーランドに行ったことがありますか。

1. Wáng Lì qùguo Díshìní Lèyuán ma?

   王 丽 去过 迪士尼 乐 园 吗?

2. Yóuměi yuē shéi yìqǐ qù Díshìní Lèyuán wánr?

   由 美 约 谁 一起 去 迪 士 尼 乐 园 玩儿?

3. Tāmen qù nǎr wánr?

   她 们 去 哪儿 玩儿?

4. Wáng Lì gāoxìng ma?

   王 丽 高兴 吗?

5. Tāmen shénme shíhou jiàn miàn?

   她 们 什 么 时 候 见 面?

6. Tāmen zài nǎr jiàn miàn?

   她 们 在 哪儿 见 面?

7. Tāmen zěnme qù Díshìní Lèyuán?

   她 们 怎 么 去 迪 士 尼 乐 园?

8. Nǐ qùguo Díshìní Lèyuán ma?

   你 去过 迪 士 尼 乐 园 吗?

1 "过"

「動詞＋"过"」は「～したことがある」という意味で、経験を表す。否定文は"没（有）"を用いる。

肯定文：	我看过中国电影。	Wǒ kànguo Zhōngguó diànyǐng.
否定文：	他没（有）学过法语。	Tā méi(you) xuéguo Fǎyǔ.
疑問文：	A：你吃过这个吗？	Nǐ chīguo zhè ge ma?
	B：没吃过。	Méi chīguo.
	A：你用汉语写过信吗？	Nǐ yòng Hànyǔ xiěguo xìn ma?
	B：我没用汉语写过信。	Wǒ méi yòng Hànyǔ xiěguo xìn.

2 選択疑問文 "A 还是 B？"

「A かそれとも B か」と質問する時に用いる。"吗" は使わない。

	A	＋ "还是" ＋	B？	
你	喝咖啡	还是	喝红茶？	Nǐ hē kāfēi háishi hē hóngchá?
你	上午来	还是	下午来？	Nǐ shàngwǔ lái háishi xiàwǔ lái?
你	借书	还是	还书？	Nǐ jiè shū háishi huán shū?
你	去北京出差	还是	去上海出差？	
				Nǐ qù Běijīng chū chāi háishi qù Shànghǎi chū chāi?

"是" を使う場合は次のようになる。

他	是你哥哥	还是	你弟弟？	Tā shì nǐ gēge háishi nǐ dìdi?
这	是你的	还是	他的？	Zhè shì nǐ de háishi tā de?

3 "怎么样？"、"可以吗？"、"好吗？"

　「〜はどうですか」「〜しませんか」のように、相手の意向を確認する時に使う。了承する場合は"好"、"可以"、"行"と言い、不都合ならば"对不起"、"不行"という。

A：你在门口等我，好吗？　　　　　　Nǐ zài ménkǒu děng wǒ, hǎo ma?
B：好。　　　　　　　　　　　　　　Hǎo.

A：我们一起去看电影，怎么样？　　　Wǒmen yìqǐ qù kàn diànyǐng, zěnmeyàng?
B：行。　　　　　　　　　　　　　　Xíng.

A：我上午去你们公司，可以吗？　　　Wǒ shàngwǔ qù nǐmen gōngsī, kěyǐ ma?
B：对不起，上午我有事，下午可以吗？　Duìbuqǐ, shàngwǔ wǒ yǒu shì, xiàwǔ kěyǐ ma?

4 年／月／週／日 (2)

先週	今週	来週
上个星期 shàng ge xīngqī	这个星期 zhè ge xīngqī	下个星期 xià ge xīngqī

先月	今月	来月
上个月 shàng ge yuè	这个月 zhè ge yuè	下个月 xià ge yuè

1 下線部を入れ替えて練習しましょう。

B32 1)　A: 你看过中国小说吗？　　　　　　Nǐ kànguo Zhōngguó xiǎoshuō ma?

　　　B: 看过，我看过老舍的小说。　　　Kànguo, wǒ kànguo Lǎoshě de xiǎoshuō.

　　① 听 tīng　　　　日本音乐 Rìběn yīnyuè　　　《花》《Huā》

　　② 吃 chī　　　　 中国菜 Zhōngguócài　　　　烤鸭 kǎoyā

　　③ 去 qù　　　　　东京 Dōngjīng　　　　　　银座 Yínzuò

B33 2)　A: 你坐船 去过上海吗？　　　　　Nǐ zuò chuán qùguo Shànghǎi ma?

　　　B: 没有，我没坐船 去过上海。　Méiyou, wǒ méi zuò chuán qùguo Shànghǎi.

　　① 用汉语 yòng Hànyǔ　　　写信 xiě xìn

　　② 骑车 qí chē　　　　　　去公司 qù gōngsī

　　③ 上网 shàng wǎng　　　　查资料 chá zīliào

B34 3)　A: 星期天 见面，怎么样？　　　　Xīngqītiān jiàn miàn, zěnmeyàng?

　　　B: 对不起，星期天我有事。　　　Duìbuqǐ, xīngqītiān wǒ yǒu shì.

　　① 上午 shàngwǔ　　　　复习 fùxí

　　② 下午 xiàwǔ　　　　　　去看电影 qù kàn diànyǐng

　　③ 星期六 xīngqīliù　　　去海边 qù hǎibiān

2 例にならって選択疑問文を作り、質問してみましょう。

　　　　例）你（坐地铁 ／ 坐电车）

　　　　　　⇒ 你坐地铁还是坐电车？

1)　你喜欢（吃鱼 ／ 吃肉）　　　　　nǐ xǐhuan (chī yú ／ chī ròu)

　　⇒

2)　电影（两点 ／ 三点）开始　　　　diànyǐng (liǎng diǎn ／ sān diǎn) kāishǐ

　　⇒

3) 今天（星期三／星期四）　　　　jīntiān (xīngqīsān ／ xīngqīsì)
　　⇒

4) （你去／我去）　　　　　　　　(nǐ qù ／ wǒ qù)
　　⇒

B35 ③ 音声を聞き、下線部を埋めて、日本語に訳しましょう。

1) 你 ＿＿＿＿＿＿＿ 还是 ＿＿＿＿＿＿＿ ？

2) 她是 ＿＿＿＿＿＿＿ 还是 ＿＿＿＿＿＿＿ ？

3) 他们 ＿＿＿＿＿＿＿ 来还是 ＿＿＿＿＿＿＿ 来？

4) 你 ＿＿＿＿＿＿＿ 日本 ＿＿＿＿＿＿＿ 新干线吗？

5) 我 ＿＿＿＿＿＿＿ 烤鸭。

④ 日本語の意味になるように並べ替えましょう。

1) あなたは彼女に会ったことがありますか。
　　跟／过／你／见／面／她／吗

2) 車で海に行きませんか。
　　我们／去／海边／开车／好吗

3) 日曜日どこで会いましょうか。
　　哪儿／星期天／在／见／面／我们

4) 今日はタクシーで行きますか、それとも電車で行きますか。
　　今天／去／坐／去／打的／还是／电车／我们

5) 私は中国へ旅行に行ったことがありません。
　　我／旅游／没／去／过／中国

5 カレンダーを使って練習しましょう。

　　初めは今日の日付を 1 月 15 日（水）に設定して下記を参考にしながら練習し、慣れてきたら今日の日付を自由に設定して練習してみましょう。

☆今天一月十五号，星期三。　　Jīntiān yī yuè shíwǔ hào, xīngqīsān.

（今日は 1 月 15 日水曜日です。）

1 月

	星期一	星期二	星期三	星期四	星期五	星期六	星期天
上上个星期			1	2	3	4	5
上个星期	6	7	8	9	10	11	12
这个星期	13	14	jīntiān 15☆ 今天	16	17	18	19
下个星期	20	21	22	23	24	25	Díshìní Lèyuán 26 迪士尼乐园
下下个星期	27	28	chū chāi 29 出差	30	31		

1)　Míngtiān shì jǐ hào?　　　　　　　　明天是几号？

2)　Xià ge xīngqīwǔ shì jǐ hào?　　　　下个星期五是几号？

3)　Shíjiǔ hào shì xīngqī jǐ?　　　　　　十九号是星期几？

4)　Hòutiān shì xīngqīliù ma?　　　　　后天是星期六吗？

5)　Xià xià ge xīngqīsì shì sānshiyī hào ma?　　下下个星期四是三十一号吗？

6)　Nǐ xīngqī jǐ qù xuéxiào?　　　　　　你星期几去学校？

7)　Nǐ jǐ hào qù Díshìní Lèyuán?　　　　你几号去迪士尼乐园？

8)　Nǐ shénme shíhou qù chū chāi?　　你什么时候去出差？

6 中国語に訳しましょう。

1) あなたはディズニーランドに行ったことがありますか。

2) 彼らはいつ日本に来ますか。

3) 彼は京都に行ったことがありません。

4) 自転車で北海道へ行ったことがありますか。

5) 一緒にお茶を飲みに行きませんか。

6) 彼は会社にいますか、それとも家にいますか。

小老師に聞いてみよう！

① "我不看过中国电影。"といったら間違っていると言われました。なぜでしょう？

② "你喝咖啡还是喝红茶吗？"といったら間違っていると言われました。なぜでしょう？

③ 「さようなら」「また明日」「絶対待っている」は中国語で何といいますか？

単　語

B36 ——————————————— ● 本文単語 ● ———————————————

1. 过 guo
   ［助］（経験を表す）～したことがある
2. 迪士尼乐园 Díshìní Lèyuán
   ［名］ディズニーランド
3. 没（有）méi(you)　［副］～ない
4. 玩（儿）wán(r)　［動］遊ぶ
5. 太~了 tài~le　とても～、～すぎる
6. 什么时候 shénme shíhou　［疑］いつ
7. 时候 shíhou　［名］時
8. 下 xià　［名］次の
9. 星期 xīngqī　［名］曜日、週

10. 怎么样 zěnmeyàng　［疑］どうですか
11. 没问题 méi wèntí　問題ない
12. 开车 kāi chē　［動］車を運転する
13. 还是 háishi　［接］それとも
14. 电车 diànchē　［名］電車
15. 见面 jiàn miàn　［動］会う
16. 东京站 Dōngjīng zhàn　［名］東京駅
17. 可以 kěyǐ　OK、差しつかえない
18. 行 xíng　OK、差しつかえない
19. 不见不散 bú jiàn bú sàn
   相手が来るまでその場で待つ

B37 ——————————————— ● 短文単語 ● ———————————————

1. 约 yuē　［動］誘う

2. 一起 yìqǐ　［副］一緒に

B38 ——————————— ● 学習ポイント・練習単語 ● ———————————

1. 法语 Fǎyǔ　［名］フランス語
2. 借 jiè　［動］借りる
3. 还 huán　［動］返す
4. 门口 ménkǒu　［名］入り口
5. 等 děng　［動］待つ
6. 有事 yǒu shì　用事がある
7. 上个月 shàng ge yuè　［名］先月
8. 下个月 xià ge yuè　［名］来月
9. 小说 xiǎoshuō　［名］小説
10. 老舍 Lǎoshě　［名］老舍
11. 听 tīng　［動］聞く
12. 音乐 yīnyuè　［名］音楽
13. 花 huā　［名］花
14. 烤鸭 kǎoyā　［名］北京ダック

15. 骑车 qí chē　［動］自転車に乗る
16. 上网 shàng wǎng
   ［動］インターネットに繋ぐ
17. 查 chá　［動］調べる
18. 资料 zīliào　［名］資料
19. 复习 fùxí　［動］復習する
20. 鱼 yú　［名］魚
21. 肉 ròu　［名］肉
22. 打的 dǎ dī　［動］タクシーに乗る
23. 上上个星期 shàng shàng ge xīngqī
   ［名］先々週
24. 下下个星期 xià xià ge xīngqī
   ［名］再来週

第十課 多少钱？

いくらですか

B39
B40

A： Huānyíng guānglín. Nín xiǎng mǎi diǎnr shénme?
欢　迎　光　临。您　想　买　点儿　什　么?

B： Wǒ xiǎng mǎi píngguǒ.
我　想　买　苹　果。

A： Zhè zhǒng píngguǒ zěnmeyàng? Tèbié tián.
这　种　苹　果　怎　么　样? 特　别　甜。

B： Yì jīn duōshao qián?
一　斤　多　少　钱?

A： Yì jīn bā kuài.
一　斤　八　块。

B： Bā kuài? Tài guì le. Nà zhǒng ne?
八　块? 太　贵　了。那　种　呢?

A： Nà zhǒng bǐ zhè zhǒng piányi, dànshì méiyou
那　种　比　这　种　便　宜, 但　是　没　有

zhè zhǒng tián.
这　种　甜。

注 釈

① 値段の聞き方：「いくらですか」と聞く場合は "多少钱？" または "怎么卖？" という。
"找钱" は「つり銭を出す」、"找您两块" は「2元のおつりです」という意味。

② "买点儿"："一点儿" は語調を和らげる表現で、よく "一" を省略し "吃点儿" "喝点儿"
のように使う。

B： Nà, wǒ mǎi zhè zhǒng ba.
　　 那， 我 买 这 种 吧。

A： Shōu nín shí kuài, zhǎo nín liǎng kuài.
　　 收 您 十 块， 找 您 两 块。

用汉语怎么说 ?

A

①「いらっしゃいませ」といい、何を
　買いたいかたずねる
② これはどうかと提案する
③ 値段をこたえる
④ 二つの種類の値段と味の差をこたえ
　る
⑤ 10元を受け取り 2 元のつり銭を出す

B

① リンゴが買いたいという
② 500 g でいくらかをたずねる
③ 値段が高すぎるといい、あの種類は
　どうかとたずねる
④ これをくださいという

短　文

B41
B42

Wǒ jiā fùjìn yǒu yì jiā xiǎo shuǐguǒdiàn. Nàli
我　家　附近　有　一　家　小　水果店。　那里

de shuǐguǒ fēicháng xīnxiān, zhǒnglèi yě bǐ chāoshì
的　水果　非常　新鲜，　种类　也　比　超市

de duō, dànshì méiyou chāoshì de piányi.
的　多，　但是　没有　超市　的　便宜。

Píngshí wǒ xǐhuan qù nà jiā shuǐguǒdiàn mǎi
平时　我　喜欢　去　那　家　水果店　买

shuǐguǒ. Yīnwèi wǒ shì yí ge "yuèguāngzú", suǒyǐ
水果。　因为　我　是　一　个　"月光族"，　所以

yuèdǐ wǒ yǒushí qù chāoshì mǎi shuǐguǒ.
月底　我　有时　去　超市　买　水果。

Nǐ xǐhuan chī shénme shuǐguǒ? Nǐ zài nǎr mǎi
你　喜欢　吃　什么　水果?　你　在　哪儿　买

shuǐguǒ ne?
水果　呢?

！注　釈

① "有"：存在を表し「～には…がある」の意味。

② "～呢？"：疑問詞疑問文の文末に置いて、語気を和らげる。

●本文に基づいて問答練習をしましょう。

1. あなたの家の近所には何がありますか。

2. そこの果物はどうですか。

3. 種類は多いですか。

4. そこの果物は、スーパーのより安いですか。

5. 普段あなたはどこへ果物を買いに行くのが好きですか。

6. 月末にスーパーへ行って果物を買う時があるのはなぜですか。

1. Nǐ jiā fùjìn yǒu shénme?

你 家 附 近 有 什 么?

2. Nàli de shuǐguǒ zěnmeyàng?

那 里 的 水 果 怎 么 样?

3. Zhǒnglèi duō bu duō?

种 类 多 不 多?

4. Nàli de shuǐguǒ bǐ chāoshì de piányi ma?

那 里 的 水 果 比 超 市 的 便 宜 吗?

5. Píngshí nǐ xǐhuan qù nǎr mǎi shuǐguǒ?

平 时 你 喜 欢 去 哪 儿 买 水 果?

6. Wèi shénme yuèdǐ nǐ yǒushí qù chāoshì mǎi shuǐguǒ?

为 什 么 月 底 你 有 时 去 超 市 买 水 果?

1 比較 —— 1

「A は B より〜だ」

A ＋ "比" ＋ B ＋ 形容詞　　　＊形容詞の前に "很" は置かない。

超市	比	水果店	大。	Chāoshì bǐ shuǐguǒdiàn dà.
弟弟	比	我	高。	Dìdi bǐ wǒ gāo.

「A は B ほど〜ない」

A ＋ "没有" ＋ B ＋ 形容詞

水果店	没有	超市	大。	Shuǐguǒdiàn méiyou chāoshì dà.
我	没有	弟弟	高。	Wǒ méiyou dìdi gāo.

2 助動詞 "想"

"想" は動詞の前に置き、「〜したい」という願望を表す。

主語 ＋ "想" ＋ 動詞 ＋ （目的語）

肯定文：	我	想	买	水果。	Wǒ xiǎng mǎi shuǐguǒ.
否定文：	我	不想	看	电影。	Wǒ bù xiǎng kàn diànyǐng.
疑問文：	你	想	喝	咖啡 吗？	Nǐ xiǎng hē kāfēi ma?
	你	想不想	去	长城？	Nǐ xiǎng bu xiǎng qù Chángchéng?

3 "因为〜所以…"

「〜だから（なので）…だ」という意味。

因为超市的水果很便宜，所以我去超市买水果。

Yīnwèi chāoshì de shuǐguǒ hěn piányi, suǒyǐ wǒ qù chāoshì mǎi shuǐguǒ.

因为我工作很忙，所以常常加班。

Yīnwèi wǒ gōngzuò hěn máng, suǒyǐ chángcháng jiā bān.

"因为" と "所以" は、それぞれ単独で用いることもある。

4 "为什么"

「なぜ」と原因や理由についてたずねる疑問詞。こたえる時には"因为"を使う。

A：你为什么学习汉语？ 　Nǐ wèi shénme xuéxí Hànyǔ?
B：因为我想去中国看看。 　Yīnwèi wǒ xiǎng qù Zhōngguó kànkan.

你为什么不喜欢运动？ 　Nǐ wèi shénme bù xǐhuan yùndòng?

5 通貨

中国の通貨は"人民币 rénmínbì"（人民元）といい、"元"、"角"、"分"の三つの単位がある。書き言葉と話し言葉では表記が異なり、位が飛ぶ時は"零"を入れていう。

書き言葉： 元 yuán　　　　　角 jiǎo　　　　　分 fēn
話し言葉： 块 kuài　　　　　毛 máo　　　　　分 fēn

1 元（块）＝ 10 角（毛）＝ 100 分

2.00 元	两块	liǎng kuài
12.50 元	十二块五（毛）	shí'èr kuài wǔ (máo)
168.00 元	一百六十八块	yì bǎi liùshibā kuài
1005.00 元	一千零五块	yì qiān líng wǔ kuài

日本の通貨は"日元 rìyuán"といい、アメリカ（"美国 Měiguó"）の通貨は"美元 měiyuán"という。

1,000 円	一千日元	yì qiān rìyuán
10,000 円	一万日元	yí wàn rìyuán
1 ドル	一美元	yì měiyuán
300 ドル	三百美元	sān bǎi měiyuán

1 下線部を入れ替えて練習しましょう。

B44 1) 这种比那种甜。　　　　　　　　　　Zhè zhǒng bǐ nà zhǒng tián.

　　① 辣 là　　② 咸 xián　　③ 酸 suān

B45 2) 鱼没有肉 贵。　　　　　　　　　　　Yú méiyou ròu guì.

　　① 日本 Rìběn　　　　中国 Zhōngguó　　　　大 dà
　　② 汉语 Hànyǔ　　　　英语 Yīngyǔ　　　　　难 nán
　　③ 泰山 Tàishān　　　富士山 Fùshìshān　　　高 gāo

B46 3) A: 你想不想喝 咖啡？　　　　　　　Nǐ xiǎng bu xiǎng hē kāfēi?
　　　B: 不想喝，我想喝 红茶。　　　　　Bù xiǎng hē, wǒ xiǎng hē hóngchá.

　　① 去 qù　　　　长城 Chángchéng　　　故宫 Gùgōng
　　② 看 kàn　　　电视剧 diànshìjù　　　新闻 xīnwén
　　③ 吃 chī　　　饺子 jiǎozi　　　　　面 miàn

B47 4) A: 苹果 一斤多少钱？　　　　　　　Píngguǒ yì jīn duōshao qián?
　　　B: 一斤 八块。　　　　　　　　　　Yì jīn bā kuài.

　　① 包子 bāozi　　　一个 yí ge　　　两块 liǎng kuài
　　② 啤酒 píjiǔ　　　一瓶 yì píng　　　八块 bā kuài
　　③ 门票 ménpiào　　一张 yì zhāng　　二十块 èrshí kuài

2 音声を聞き、下線部を埋めて、日本語に訳しましょう。

1) 你想 ＿＿＿＿＿＿＿ 什么？

2) 一斤 ＿＿＿＿＿＿＿ ？

3) 那种苹果 ＿＿＿＿＿＿＿ 这种 ＿＿＿＿＿＿＿ 。

4) 这种 ＿＿＿＿＿＿＿那种＿＿＿＿＿＿＿ 。

5) 我 ＿＿＿＿＿＿＿ 去 ＿＿＿＿＿＿＿ 买 ＿＿＿＿＿＿＿ 。

3 日本語の意味になるように並べ替えましょう。

1) タクシーで行くより地下鉄で行ったほうが便利だ。
方便 ／ 比 ／ 坐地铁去 ／ 打的去

2) この部屋はあの部屋よりきれいだ。
那个房间 ／ 这个房间 ／ 干净 ／ 比

3) この魚はあの魚ほど大きくない。
那条鱼 ／ 这条鱼 ／ 大 ／ 没有

4) あの種類（あれ）はこれほど甘くない。
没有 ／ 甜 ／ 那种 ／ 这种

5) あなたは北海道へ遊びに行きたいですか。
北海道 ／ 你 ／ 吗 ／ 玩儿 ／ 去 ／ 想

6) 李君は太極拳を習いたい。
太极拳 ／ 想 ／ 小李 ／ 打 ／ 学习

4 中国語に訳しましょう。

1) 北京の冬は上海より寒い。

2) 今日は昨日より暑い。

3) この携帯電話はあれほど高くない。

4) 李君は私より年下だ。

5) 私はリンゴを1キロ買いたい。

小老師に聞いてみよう！

① "超市比水果店很大"といったら間違っていると言われました。なぜでしょう？

② 「私より弟のほうが背が高い」といいたくて "我比弟弟高" といったら間違っていると言われました。なぜでしょう？

③ 中国の通貨 "人民币 rénmínbì"（人民元）について教えてください。

● 本文単語 ●

1. 欢迎 huānyíng　[動]歓迎する
2. 光临 guānglín　[動]いらっしゃる
3. 想 xiǎng　[助動]〜したい
4. (一)点儿 (yì)diǎnr　[量]少し
5. 苹果 píngguǒ　[名]リンゴ
6. 种 zhǒng　[量]〜種類
7. 特别 tèbié　[副]非常に、とても
8. 甜 tián　[形]甘い
9. 斤 jīn　[量](重さの単位)斤、500ｇ
10. 多少钱 duōshao qián　いくら
11. 块 kuài　[量]元
12. 贵 guì　[形]高い
13. 比 bǐ　[介]〜より
14. 便宜 piányi　[形]安い
15. 但是 dànshì　[接]しかし、でも
16. 收 shōu　[動]受け取る
17. 找 zhǎo　[動](つり銭を)出す

● 短文単語 ●

1. 附近 fùjìn　[名]付近、近所
2. 家 jiā　[量]〜軒
3. 小 xiǎo　[形]小さい(大きさ、年齢など)
4. 水果店 shuǐguǒdiàn　[名]果物屋
5. 水果 shuǐguǒ　[名]果物
6. 非常 fēicháng　[副]非常に
7. 新鲜 xīnxiān　[形]新鮮だ
8. 种类 zhǒnglèi　[名]種類
9. 超市 chāoshì　[名]スーパーマーケット
10. 多 duō　[形]多い
11. 平时 píngshí　[名]普段
12. 因为 yīnwèi　[接]〜なので(原因を表す)
13. 月光族 yuèguāngzú　[名]給料を毎月使い果たしてしまう人
14. 所以 suǒyǐ　[接]だから(結果を表す)
15. 月底 yuèdǐ　[名]月末
16. 有时 yǒushí　[副]時には
17. 为什么 wèi shénme　[疑]なぜ

1. 大 dà ［形］大きい（大きさ、年齢など）
2. 长城 Chángchéng ［名］万里の長城
3. 运动 yùndòng ［名・動］運動（する）
4. 人民币 rénmínbì ［名］人民元
5. 元 yuán ［量］元
6. 角 jiǎo ［量］角（0.1 元）
7. 分 fēn ［量］分（0.01 元）
8. 毛 máo ［量］角（0.1 元）
9. 百 bǎi ［名］百
10. 千 qiān ［名］千
11. 日元 rìyuán ［名］日本円
12. 美国 Měiguó ［名］アメリカ
13. 美元 měiyuán ［名］アメリカドル
14. 万 wàn ［名］万
15. 辣 là ［形］辛い
16. 咸 xián ［形］塩辛い
17. 酸 suān ［形］酸っぱい
18. 英语 Yīngyǔ ［名］英語
19. 泰山 Tàishān ［名］泰山
20. 富士山 Fùshìshān ［名］富士山
21. 故宫 Gùgōng ［名］故宮
22. 电视剧 diànshìjù ［名］テレビドラマ
23. 新闻 xīnwén ［名］ニュース
24. 瓶 píng ［量］〜本（瓶を数える）
25. 门票 ménpiào ［名］入場券
26. 张 zhāng ［量］〜枚
27. 方便 fāngbiàn ［形］便利である
28. 干净 gānjìng ［形］清潔である
29. 条 tiáo ［量］〜匹、〜本
30. 冷 lěng ［形］寒い、冷たい
31. 热 rè ［形］暑い、熱い

和平饭店怎么走？

和平ホテルへはどう行きますか

 目標 道をたずねる／目的地の場所や方向を伝える

A : Qǐngwèn, Hépíng Fàndiàn zěnme zǒu?
　　请　问，和　平　饭　店　怎　么　走?

B : Hépíng Fàndiàn? Nǐ zuò dìtiě qù ba, dìtiě kuài.
　　和　平　饭　店? 你　坐　地铁　去　吧, 地铁　快。

A : Dìtiě zhàn zài nǎr?
　　地铁　站　在　哪儿?

B : Zài qiánbiān.
　　在　前　边。

A : Zhōuwéi yǒu shénme biāozhì?
　　周　围　有　什　么　标　志?

B : Yǒu yí ge hěn dà de gòuwù zhōngxīn.
　　有　一　个　很　大　的　购　物　中　心。

　　Dìtiě zhàn zài gòuwù zhōngxīn yòubiān.
　　地铁　站　在　购　物　中　心　右　边。

! 注 釈

① "地铁快"：「地下鉄のほうが速い」という意味。
② "不太~"：「あまり~ではない」という意味。
③ "走五分钟"：「5分間歩く」という意味。"五分钟" のように時間の長さを表す言葉は動詞の後ろに置く。

A： Lí zhèr yuǎn bu yuǎn?
离 这儿 远 不 远?

B： Bú tài yuǎn, zǒu wǔ fēnzhōng jiù dào. Wǒ dài
不 太 远， 走 五 分 钟 就 到。 我 带

nǐ qù ba.
你 去 吧。

A： Tài xièxie le.
太 谢谢 了。

用汉语怎么说 ❓

A

① 目的地への行き方をたずねる
② 地下鉄の駅をたずねる
③ 何か目印があるかとたずねる
④ ここから遠いかとたずねる
⑤ お礼をいう

B

① 地下鉄で行くようにすすめる
② この先にあると伝える
③ 目印を教え、地下鉄の駅はその右側
　にあると伝える
④ それほど遠くはなく、5分ほど歩け
　ば着くので連れて行くという

短　文

Xīngqītiān, Xiǎolín hé jiālirén yìqǐ qù Běijīng
星　期天，　小　林　和　家里人　一起　去　北　京

Dòngwùyuán kàn dàxióngmāo. Tā bú rènshi lù, jiù
动　物　园　看　大　熊　猫。　他　不　认识　路，就

wèn yí ge niánqīngrén zěnme qù. Niánqīngrén shuō
问　一　个　年　轻　人　怎么　去。　年　轻　人　说

kěyǐ zuò dìtiě qù, dìtiě zhàn zài yí ge gòuwù
可以　坐　地铁　去，地铁　站　在　一　个　购物

zhōngxīn pángbiān. Niánqīngrén dānxīn Xiǎolín mí
中　心　旁　边。　年　轻　人　担　心　小　林　迷

lù, dài tāmen qù dìtiě zhàn. Xiǎolín fēicháng
路，带　他们　去　地铁　站。　小　林　非　常

gǎndòng.
感　动。

●本文に基づいて問答練習をしましょう。

1. 日曜日、小林さんは家族とどこへ行きますか。

2. 小林さんはなぜ若者にたずねたのですか。

3. 動物園にどうやって行きますか。

4. 地下鉄の駅はどこにありますか。

5. 若者はなぜ小林さんを連れて地下鉄の駅に行ったのですか。

6. 小林さんはなぜ感動したのですか。

1. Xīngqītiān, Xiǎolín hé jiālirén qù nǎr?
星 期 天, 小 林 和 家里人 去 哪儿?

2. Xiǎolín wèi shénme wèn niánqīngrén?
小 林 为 什 么 问 年 轻 人?

3. Dòngwùyuán zěnme qù?
动 物 园 怎 么 去?

4. Dìtiě zhàn zài nǎr?
地 铁 站 在 哪儿?

5. Niánqīngrén wèi shénme dài Xiǎolín qù dìtiě zhàn?
年 轻 人 为 什 么 带 小 林 去 地铁 站?

6. Xiǎolín wèi shénme gǎndòng?
小 林 为 什 么 感 动?

1 方位詞

上 shàng（うえ）	前 qián（まえ）	左 zuǒ（ひだり）	里 lǐ（なか・おく）
下 xià（した）	后 hòu（うしろ）	右 yòu（みぎ）	外 wài（そと）

後ろに"边 biān"や"面 miàn"をつけて用いる。

この他に"对面 duìmiàn"（向かい側）や"旁边 pángbiān"（そば、傍ら）がある。

"右边的教室 jiàoshì"（右の教室）のように、方位詞が名詞を修飾する場合"的"は省略できないが、"教室（的）右边"のように、名詞が方位詞を修飾するときには省略することができる。

2 存在を表す"在"と"有"

動詞"在"

人・モノ ＋ "在" ＋ 場所：「～は…にいる／ある」

肯定文：	医院	在	前边。	Yīyuàn zài qiánbiān.
否定文：	银行	不在	这儿。	Yínháng bú zài zhèr.
疑問文：	会议室	在	二楼 吗？	Huìyìshì zài èr lóu ma?
	餐厅	在	哪儿？	Cāntīng zài nǎr?

動詞"有"

場所 ＋ "有" ＋ 人・モノ：「～に…がいる／ある」

肯定文：	学校旁边	有	一个餐厅。	Xuéxiào pángbiān yǒu yí ge cāntīng.
否定文：	超市附近	没有	便利店。	Chāoshì fùjìn méiyǒu biànlìdiàn.
疑問文：	这儿	有	人 吗？	Zhèr yǒu rén ma?
	桌子上	有	什么？	Zhuōzi shàng yǒu shénme?

「あなたの辞書は私の所にあります」や「あなた達の所に日本食レストランはありますか」などは次のように表す。

你的词典在我这儿。	Nǐ de cídiǎn zài wǒ zhèr.
你们那儿有日本餐厅吗？	Nǐmen nàr yǒu Rìběn cāntīng ma?

3 "离"

介詞 "离" は、二点間の「隔たり」を表す。

A ＋"离"＋ B ＋形容詞：「AはBから〜」

便利店　离　我家　很近。　　Biànlìdiàn lí wǒ jiā hěn jìn.

医院　　离　车站　不远。　　Yīyuàn lí chēzhàn bù yuǎn.

練 習

1 下線部を入れ替えて練習しましょう。

B57 1) A: 你家在车站附近吗？　　　　　　Nǐ jiā zài chēzhàn fùjìn ma?

B: 我家不在车站附近，在公园旁边。

Wǒ jiā bú zài chēzhàn fùjìn, zài gōngyuán pángbiān.

① 和平饭店　　　　　车站后边　　　　　车站右边
Hépíng Fàndiàn　　 chēzhàn hòubiān　　 chēzhàn yòubiān

② 便利店　　　　　　邮局左边　　　　　医院对面
biànlìdiàn　　　　 yóujú zuǒbiān　　　 yīyuàn duìmiàn

③ 小猫　　　　　　　阳台上　　　　　　桌子下
xiǎo māo　　　　　 yángtái shàng　　　 zhuōzi xià

B58 2) A: 学校旁边有便利店吗？　　　　　Xuéxiào pángbiān yǒu biànlìdiàn ma?

B: 没有，有一个书店。　　　　　　Méiyǒu, yǒu yí ge shūdiàn.

① 你家附近　　　　　超市　　　　　　一家水果店
nǐ jiā fùjìn　　　 chāoshì　　　　　 yì jiā shuǐguǒdiàn

② 车站前边　　　　　快餐店　　　　　一个咖啡馆
chēzhàn qiánbiān　 kuàicāndiàn　　　 yí ge kāfēiguǎn

③ 冰箱里　　　　　　葡萄酒　　　　　两瓶啤酒
bīngxiāng li　　　 pútaojiǔ　　　　　liǎng píng píjiǔ

B59 3) A: 你家离车站远吗？　　　　　　　Nǐ jiā lí chēzhàn yuǎn ma?

B: 我家离车站 不远。　　　　　　Wǒ jiā lí chēzhàn bù yuǎn.

① 这里 zhèlǐ　　　　　机场 jīchǎng　　　 很远 hěn yuǎn

② 天津 Tiānjīn　　　　北京 Běijīng　　　 不太远 bú tài yuǎn

③ 图书馆 túshūguǎn　　食堂 shítáng　　　 不远，很近 bù yuǎn, hěn jìn

2 下線部に"在"または"有"を入れましょう。

1) 会议室 ＿＿＿＿＿＿＿ 二楼。

2) 银行旁边 ＿＿＿＿＿＿＿ 一个小超市。

3) 学校附近 ＿＿＿＿＿＿＿ 很多商店。

4) 这儿 ＿＿＿＿＿＿＿ 人吗？

5) 小林 ＿＿＿＿＿＿＿ 电车上。

3

B60 1) 音声を聞き、内容と合っていれば〇、違っていれば×を入れましょう。

① 和平饭店很近。　　（　　　）

② 银行在邮局右边。　（　　　）

③ 啤酒在冰箱里。　　（　　　）

B61 2) 音声を聞き、地図を完成させましょう。

车站

我家

4 中国語に訳しましょう。

1) 会社の隣に小さな本屋が一軒あります。

2) 我が家の向かいにプールがあり、日曜日にそこへ泳ぎに行きます。

3) 小林さんの家は公園の近くにあります。

4) 駅はここから遠くありません。歩いて2分で着きます。

5) 私の家の右側は北京動物園です。

6) テーブルにリンゴがあるので食べてください。

7) 明日、私はあなたの所に行きます。

小老師に聞いてみよう！

① "前边在医院。" といったら間違っていると言われました。なぜでしょう？

② "银行没在车站附近。" といったら間違っていると言われました。なぜでしょう？

③ "我家很远离学校。" といったら間違っていると言われました。なぜでしょう？

単 語

● 本文単語 ●

1. 请问 qǐngwèn　おたずねします
2. 和平饭店 Hépíng Fàndiàn［名］和平飯店
3. 走 zǒu　［動］歩く、行く
4. 快 kuài　［形］速い
5. 站 zhàn　［名］駅
6. 前边 qiánbiān　［名］前、前方
7. 周围 zhōuwéi　［名］周囲、周り
8. 标志 biāozhì　［名］しるし、標識
9. 购物中心 gòuwù zhōngxīn
　　　　　　　　　［名］ショッピングセンター

10. 右边 yòubiān　［名］右、右側
11. 离 lí　［介］〜から、〜まで
12. 这儿 zhèr　［代］ここ
13. 远 yuǎn　［形］遠い
14. 不太 bú tài　あまり〜でない
15. 分钟 fēnzhōng　［量］分、分間
16. 就 jiù　［副］すぐに
17. 到 dào　［動］着く
18. 带 dài　［動］率いる、携帯する

● 短文単語 ●

1. 星期天 xīngqītiān　［名］日曜日
2. 家里人 jiālirén　［名］家族
3. 动物园 dòngwùyuán　［名］動物園
4. 大熊猫 dàxióngmāo
　　　　　　　　　［名］ジャイアントパンダ
5. 路 lù　［名］道
6. 问 wèn　［動］たずねる、聞く

7. 年轻人 niánqīngrén　［名］若者
8. 可以 kěyǐ　［助動］〜してもよい、できる
9. 旁边 pángbiān　［名］そば、傍ら
10. 担心 dānxīn　［動］心配する
11. 迷路 mí lù　［動］道に迷う
12. 感动 gǎndòng　［動］感動する

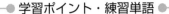

1. 教室 jiàoshì ［名］教室
2. 会议室 huìyìshì ［名］会議室
3. 楼 lóu ［名］〜階
4. 餐厅 cāntīng ［名］レストラン
5. 便利店 biànlìdiàn
　　　　　　　［名］コンビニエンスストア
6. 桌子 zhuōzi ［名］机、テーブル
7. 上 shàng ［名］〜の上
8. 词典 cídiǎn ［名］辞書
9. 后边 hòubiān ［名］後ろ、裏
10. 邮局 yóujú ［名］郵便局
11. 左边 zuǒbiān ［名］左、左側
12. 对面 duìmiàn ［名］向かい側
13. 猫 māo ［名］ネコ

14. 阳台 yángtái ［名］ベランダ
15. 下 xià ［名］〜の下
16. 书店 shūdiàn ［名］本屋
17. 快餐店 kuàicāndiàn
　　　　　　　［名］ファストフード店
18. 冰箱 bīngxiāng ［名］冷蔵庫
19. 里 li ［名］〜の中
20. 葡萄酒 pútaojiǔ ［名］ワイン
21. 机场 jīchǎng ［名］空港
22. 食堂 shítáng ［名］食堂
23. 近 jìn ［形］近い
24. 商店 shāngdiàn ［名］店
25. 游泳池 yóuyǒngchí ［名］プール
26. 游泳 yóu yǒng ［動］泳ぐ

第十二课　　我去京都了

私は京都に行きました

目標　出来事を説明する

B65
B66

A : Lǐ Huá, hánjià nǐ qù nǎr le?
　　李　华，　寒假 你 去　哪儿 了？

B : Wǒ qù Jīngdū le.
　　我　去　京 都 了。

A : Shì ma? Jīngdū zěnmeyàng?
　　是 吗？　京 都　怎 么　样？

B : Jīngdū fēicháng piàoliang.
　　京 都 非 常　漂　亮。

A : Nǐ qùle hěn duō dìfang ba?
　　你 去了 很　多 地 方　吧？

B : Wǒ yóulǎnle yìxiē míngshèng gǔjì.
　　我　游 览了 一 些　名　胜　古迹。

A : Qīngshuǐsì nǐ qùle ma?
　　清　水 寺 你 去了 吗？

B：Dāngrán qù le, nàr wàiguó yóukè hěn duō.
当 然 去 了，那儿 外 国 游 客 很 多。

A：Nǐ chuān héfú zhào xiàng le ma?
你 穿 和服 照 相 了 吗?

B：Méiyou, zhè cì shíjiān bú gòu, xià cì ba.
没 有，这 次 时 间 不 够，下 次 吧。

A：Zhēn yíhàn. Éi? Wǒ de lǐwù ne?
真 遗 憾。欸? 我 的 礼 物 呢?

B：Wǒ gěi nǐ mǎile yì hé diǎnxin, qǐng nǐ
我 给 你 买 了 一 盒 点 心，请 你

chángchang.
尝 尝。

A：Xièxie.
谢 谢。

用汉语怎么说 ❓

A	B
① 冬休みにどこへ行ったかたずねる	① 京都に行ったとこたえる
② 返事を受けて、京都はどうだったかとたずねる	② 非常にきれいだったとこたえる
③ たくさんの場所に行ったのでしょうという	③ 名所旧跡をいくつか見学したという
④ 清水寺には行ったかとたずねる	④ もちろん行った、外国人観光客が多かったという
⑤ 着物を着て写真を撮ったかと聞く	⑤ 時間が足りなかったので次回にという
⑥ 残念がり、お土産は?という	⑥ お菓子を買ってきたと伝えてすすめる
⑦ お礼をいう	

短 文

Lǐ Huá hánjià qù Jīngdū wánr le. Jīngdū shì yí
李 华 寒假 去 京都 玩儿了。京 都 是 一

ge lìshǐ yōujiǔ de gǔdū, hěn duō wàiguó yóukè dōu
个 历史 悠久 的 古都, 很 多 外 国 游客 都

qù nàr yóulǎn. Lǐ Huá qùle jǐ ge míngshèng gǔjì,
去 那儿 游览。李 华 去 了 几 个 名 胜 古迹,

hái zhàole hěn duō xiàng. Tā mǎile yìxiē jìniànpǐn,
还 照 了 很 多 相。 他 买 了 一些 纪念 品,

yǒu jīhuì dehuà, tā xiǎng zài qù Jīngdū.
有 机会 的 话, 他 想 再 去 京 都。

!注 释

① "照了很多相"：「たくさん写真を撮った」という意味。
② "有机会的话~"：「機会があったら~する」という意味。

●本文に基づいて問答練習をしましょう。

1. 李華さんはどこへ遊びに行きましたか。

2. 京都はどんな所ですか。

3. 多くの外国人観光客が京都へ観光に行きますか。

4. 李華さんは京都で何をしましたか。

5. 李華さんは何を買いましたか。

6. 機会があったら李華さんはまたそこに行きたいですか。

1. Lǐ Huá qù nǎr wánr le?
   李 华 去 哪儿 玩儿 了？

2. Jīngdū shì yí ge shénme dìfang?
   京 都 是 一 个 什 么 地 方？

3. Hěn duō wàiguó yóukè dōu qù Jīngdū yóulǎn ma?
   很 多 外 国 游 客 都 去 京 都 游 览 吗？

4. Lǐ Huá zài Jīngdū zuò shénme le?
   李 华 在 京 都 做 什 么 了？

5. Lǐ Huá mǎile shénme?
   李 华 买 了 什 么？

6. Yǒu jīhuì dehuà, Lǐ Huá xiǎng zài qù nàr ma?
   有 机 会 的 话，李 华 想 再 去 那儿 吗？

1 "了" の使い方 ── 1

1) 「彼が来る」は "他来" というが、「彼が来た／来ている」という場合には "他来了" のように文末に "了" を置いて表す。

主語 + 動詞 + 目的語 + "了"

| 肯定文： | 我 | 买 | 点心 | 了。 | Wǒ mǎi diǎnxin le. |
| | 他 | 来 | 学校 | 了。 | Tā lái xuéxiào le. |

　否定文は "没（有）" を用い、「しなかった／していない」という意味を表す。文末には "了" をつけない。

主語 + "没（有）"+ 動詞 + 目的語

| 否定文： | 我 | 没（有） | 买 | 点心。 | Wǒ méi(you) mǎi diǎnxin. |
| | 他 还 没（有） | | 来 | 学校。 | Tā hái méi(you) lái xuéxiào. |

　疑問文は、"～吗？" または "～没有？" を用いる。

| 疑問文： | 他 | 来 | 学校 | 了 吗？。 | Tā lái xuéxiào le ma? |
| | 你 | 买 | 点心 | 了 没有？ | Nǐ mǎi diǎnxin le méiyou? |

2) 目的語にポイントを置く場合は、動詞の直後に "了" を置く。この時は、目的語に数量などの修飾語がついている場合が多い。

主語 + 動詞 + "了" + 目的語

| 我 | 买 | 了 | 很多点心。 | Wǒ mǎile hěn duō diǎnxin. |
| 我 | 看 | 了 | 两本漫画。 | Wǒ kànle liǎng běn mànhuà. |

3) 繰り返して行われたこと、例えば "常常"、"每天"、"有时候" などがある文では "了" をつけない。

我小时候常常跟爸爸一起去动物园。

Wǒ xiǎoshíhou chángcháng gēn bàba yìqǐ qù dòngwùyuán.

去年暑假我每天都去海边游泳。

Qùnián shǔjià wǒ měitiān dōu qù hǎibiān yóu yǒng.

来日本以前他每个月都看两个日本电影。

Lái Rìběn yǐqián tā měi ge yuè dōu kàn liǎng ge Rìběn diànyǐng.

2 "给"

　　介詞 "给" は、その動作・行為を誰にするのかを表す。"不"、"没"、"也"、"常" などの副詞は、"给" の前に置く。

"给"＋人（対象）＋ 動詞 ＋ 目的語： 「人（対象）に～する」

我		给	他	买了	一盒点心。	Wǒ gěi tā mǎile yì hé diǎnxin.
弟弟	常	给	我	打	电话。	Dìdi cháng gěi wǒ dǎ diànhuà.
他	不	给	我	写	信。	Tā bù gěi wǒ xiě xìn.

3 離合詞

　　"照相"、"见面" などは離合詞と呼ばれ、「動詞＋目的語」で成り立っている。"照了很多相" や "见过面" のように使われる。

いろいろな離合詞

上班 shàng bān	下班 xià bān	加班 jiā bān	出差 chū chāi	游泳 yóu yǒng
起床 qǐ chuáng	睡觉 shuì jiào	散步 sàn bù	跑步 pǎo bù	滑雪 huá xuě

4 年／月／週／日 (3)

おととし	去年	今年	来年	再来年
前年 qiánnián	去年 qùnián	今年 jīnnián	明年 míngnián	后年 hòunián

1 下線部を入れ替えて練習しましょう。

B70 1)
A: 寒假你去哪儿了？　　　　　　Hánjià nǐ qù nǎr le?

B: 我去京都了。　　　　　　　　Wǒ qù Jīngdū le.

① 昨天 zuótiān　　　　　　博物馆 bówùguǎn
② 星期天 xīngqītiān　　　　清水寺 Qīngshuǐsì
③ 暑假 shǔjià　　　　　　　上海 Shànghǎi

B71 2)
A: 你借书了吗？　　　　　　　　Nǐ jiè shū le ma?

B: 我借书了。　　　　　　　　　Wǒ jiè shū le.

A: 你借了几本书？　　　　　　　Nǐ jièle jǐ běn shū?

B: 我借了两本书。　　　　　　　Wǒ jièle liǎng běn shū.

① 买 mǎi　　　　　　　　② 吃 chī　　　　　　　③ 喝 hē

矿泉水 kuàngquánshuǐ　　包子 bāozi　　　　　啤酒 píjiǔ

瓶 píng　　　　　　　　个 ge　　　　　　　杯 bēi

五瓶矿泉水　　　　　　三个包子　　　　　两杯啤酒

wǔ píng kuàngquánshuǐ　　sān ge bāozi　　　liǎng bēi píjiǔ

B72 3)
A: 那本书你看了没有？　　　　　Nà běn shū nǐ kànle méiyou?

B: 我没看。　　　　　　　　　　Wǒ méi kàn.

① 京都的点心 Jīngdū de diǎnxin　　吃 chī
② 天气预报 tiānqì yùbào　　　　　听 tīng
③ 她的作品 tā de zuòpǐn　　　　　看 kàn

B73 4)　A: 朋友给你买了什么？　　　　　Péngyou gěi nǐ mǎile shénme?

　　　　B: 她给我买了<u>一盒点心</u>。　　　　Tā gěi wǒ mǎile <u>yì hé diǎnxin</u>.

　　　① 一件毛衣 yí jiàn máoyī

　　　② 两双袜子 liǎng shuāng wàzi

　　　③ 一条领带 yì tiáo lǐngdài

2 日本語の意味になるように並べ替えましょう。

1)　彼は冬休みにどこへ行きましたか。

　　哪儿 ／ 去 ／ 寒假 ／ 他 ／ 了

2)　あなたは北海道に遊びに行きましたか。

　　北海道 ／ 你 ／ 没有 ／ 玩儿 ／ 去 ／ 了

3)　私は着物を着て写真を撮りました。

　　照相 ／ 我 ／ 穿 ／ 了 ／ 和服

4)　彼は友達にお菓子を一箱買いました。

　　他 ／ 买 ／ 朋友 ／ 一盒 ／ 了 ／ 点心 ／ 给

B74 **3** 音声を聞き、下線部を埋めて、日本語に訳しましょう。

1)　姐姐昨天 ＿＿＿＿＿＿ 啤酒。

2)　妈妈 ＿＿＿＿＿＿ 五万日元的手机。

3)　爸爸 ＿＿＿＿＿＿ 。

4)　小林 ＿＿＿＿＿＿ , ＿＿＿＿＿＿ 公司。

4 中国語に訳しましょう。

1) 5月1日、私は北京動物園に行きました。

2) 名所旧跡を二か所見学しました。

3) 私は清水寺で写真を撮りませんでした。

4) 兄が漫画を二冊買ってくれました。

5) チャンスがあれば、また上海に行きたいです。

6) 子供の頃、よくあの公園で遊びました。

小老師に聞いてみよう！

① "我昨天去京都玩儿。"といったら間違っていると言われました。なぜでしょう？

② "我常打电话给朋友。"といったら間違っていると言われました。なぜでしょう？

③ "我去。""我去了。""我不去。""我没去。"の違いを教えてください。

B75 ●—— ● 本文単語 ● ——●

1. 李华 Lǐ Huá ［名］李華
2. 寒假 hánjià ［名］冬休み
3. 了 le ［助］動作の実現、完了を表す
4. 京都 Jīngdū ［名］京都
5. 漂亮 piàoliang ［形］きれいだ
6. 地方 dìfang ［名］場所
7. 游览 yóulǎn ［動］見物する
8. （一）些 (yì)xiē ［量］いくつかの
9. 名胜古迹 míngshèng gǔjì ［名］名所旧跡
10. 清水寺 Qīngshuǐsì ［名］清水寺
11. 当然 dāngrán ［副］もちろん
12. 那儿 nàr ［代］そこ、あそこ
13. 外国 wàiguó ［名］外国
14. 游客 yóukè ［名］観光客

15. 穿 chuān ［動］着る、はく
16. 和服 héfú ［名］着物
17. 照相 zhào xiàng ［動］写真を撮る
18. 这次 zhè cì 今回
19. 次 cì ［量］～回、～度
20. 时间 shíjiān ［名］時間
21. 不够 bú gòu ［動］足りない
22. 遗憾 yíhàn ［形］残念である
23. 欸 éi ［感］そうそう、そういえば
24. 礼物 lǐwù ［名］土産、プレゼント
25. 给 gěi ［介］～に
26. 盒 hé ［量］～箱
27. 点心 diǎnxin ［名］菓子
28. 尝 cháng ［動］味をみる

B76 ●—— ● 短文単語 ● ——●

1. 历史 lìshǐ ［名］歴史
2. 悠久 yōujiǔ ［形］悠久の
3. 古都 gǔdū ［名］古都
4. 几个 jǐ ge いくつかの

5. 还 hái ［副］さらに、まだ
6. 纪念品 jìniànpǐn ［名］記念品
7. 机会 jīhuì ［名］機会、チャンス
8. ～的话 ~dehuà もし～ならば

1. 漫画 mànhuà　[名]漫画
2. 小时候 xiǎoshíhou　[名]子供の頃
3. 去年 qùnián　[名]去年
4. 暑假 shǔjià　[名]夏休み
5. 以前 yǐqián　[名]以前
6. 打 dǎ　[動]（電話を）かける
7. 博物馆 bówùguǎn　[名]博物館
8. 矿泉水 kuàngquánshuǐ
　　　　　[名]ミネラルウォーター

9. 杯 bēi　[量]〜杯
10. 天气预报 tiānqì yùbào　[名]天気予報
11. 作品 zuòpǐn　[名]作品
12. 件 jiàn　[量]〜枚
13. 毛衣 máoyī　[名]セーター
14. 双 shuāng　[量]〜足、〜組
15. 袜子 wàzi　[名]くつした
16. 领带 lǐngdài　[名]ネクタイ

送朋友礼物

友達にプレゼントする

目標 中国と日本の習慣を知る

B78
B79

A： Lǐ Huá, kěyǐ wèn nǐ yí ge wèntí ma?
李 华， 可以 问 你 一 个 问题 吗?

B： Dāngrán kěyǐ, nǐ yǒu shénme wèntí?
当 然 可以，你 有 什 么 问题?

A： Wǒ de Zhōngguó péngyou xià ge yuè jié hūn,
我 的 中 国 朋 友 下 个 月 结 婚，

sòng tā shénme hǎo ne?
送 她 什 么 好 呢?

B： Zhōngguórén yìbān sòng hóngbāo.
中 国 人 一 般 送 红 包。

A： Bú sòng lǐwù ma?
不 送 礼物 吗?

B： Yǒu de rén sòng rìyòngpǐn.
有 的 人 送 日 用 品。

⚠ 注 釈

① "可以～吗？"：「～してもいいですか」という意味。

② "送她什么好呢？"：「彼女に何をプレゼントしたらいいでしょうか」と、相手の意見をた
ずねる表現。

A： Shì ma? Yǒu shénme jìhuì?
是 吗? 有 什么 忌讳?

B： Yìbān lái shuō bú sòng zhōng, bú sòng sǎn.
一般 来 说 不 送 钟, 不 送 伞。

Rìběn ne?
日本 呢?

A： Wǒmen bú sòng shǒujuàn hé yì suì de dōngxi.
我们 不 送 手绢 和 易 碎 的 东西。

B： Zhōngguó de xíguàn hé Rìběn de xíguàn bù
中 国 的 习 惯 和 日 本 的 习 惯 不

yíyàng.
一 样。

A： Shì a, nà, wǒ "rù xiāng suí sú" ba.
是 啊, 那, 我 "入 乡 随 俗" 吧。

用汉语怎么说 ?

A

① 一つ質問したいという
② 来月中国人の友人が結婚するので何をあげればいいかとたずねる
③ プレゼントはしないのかとたずねる
④ 何がタブーかをたずねる
⑤ ハンカチや割れ物は贈らないという
⑥ 「郷に入れば郷に従う」という

B

① いいよといい、どんな質問かとたずねる
② 普通はご祝儀を包むという
③ 日用品をあげる人もいるという
④ 時計や傘は贈らないといい、日本はどうかたずねる
⑤ 中国と日本の習慣は違うという

短　文

B80
B81

Yóuměi de Zhōngguó péngyou xià ge yuè jié
由　美　的　中　国　朋　友　下　个　月　结

hūn, tā hé Lǐ Huá yìqǐ qù mǎi lǐwù. Tā wèn Lǐ Huá
婚，她　和　李　华　一　起　去　买　礼物。她　问　李　华

Zhōngguórén yìbān sòng shénme, yǒu méiyǒu jìhuì.
中　国　人　一　般　送　什　么，有　没　有　忌讳。

Lǐ Huá gàosu tā yǒu de rén sòng hóngbāo, yǒu de
李　华　告诉她　有　的　人　送　红　包，有　的

rén sòng rìyòngpǐn. Tāmen zài gòuwù zhōngxīn
人　送　日　用　品。他　们　在　购　物　中　心

mǎile yí tào piàoliang de chájù. Yóuměi juéde
买了　一　套　漂　亮　的　茶具。由　美　觉得

péngyou yídìng hěn xǐhuan.
朋　友　一　定　很　喜欢。

●本文に基づいて問答練習をしましょう。

1. 由美さんはなぜプレゼントを買いに行くのですか。

2. 由美さんは李華さんに何をたずねましたか。

3. 李華さんはどのようにこたえましたか。

4. 二人はどこにプレゼントを買いに行きましたか。

5. 何を買いましたか。

6. 由美さんはどのように思いましたか。

1. Yóuměi wèi shénme qù mǎi lǐwù?
   由 美 为 什 么 去 买 礼 物?

2. Yóuměi wèn Lǐ Huá shénme?
   由 美 问 李 华 什 么?

3. Lǐ Huá zěnme huídá?
   李 华 怎 么 回 答?

4. Tāmen qù nǎr mǎi lǐwù?
   他 们 去 哪儿 买 礼 物?

5. Tāmen mǎile shénme?
   他 们 买 了 什 么?

6. Yóuměi juéde zěnmeyàng?
   由 美 觉 得 怎 么 样?

1 二重目的語を持つ動詞

　"给、送、问、告诉、教、借、还" など一部の動詞は、目的語を二つ持つことができる。目的語 (1) には人など動作の対象を、目的語 (2) には、モノ・コトを置く。

主語	+	動詞	+	目的語 (1)	+	目的語 (2)		
服务员		给		我		一杯水	。	Fúwùyuán gěi wǒ yì bēi shuǐ.
我		送		朋友		生日礼物	。	Wǒ sòng péngyou shēngrì lǐwù.
我		还		他		词典	。	Wǒ huán tā cídiǎn.
弟弟		借		图书馆		五本书	。	Dìdi jiè túshūguǎn wǔ běn shū.
哥哥		教		弟弟		汉语	。	Gēge jiāo dìdi Hànyǔ.
她		问		老师		一个问题	。	Tā wèn lǎoshī yí ge wèntí.
我		告诉		她		电话号码	。	Wǒ gàosu tā diànhuà hàomǎ.

2 "A 和 B 一样"「A は B と同じだ」

肯定文： 我的意见和她的意见一样。　　　　　Wǒ de yìjiàn hé tā de yìjiàn yíyàng.

否定文： 我的意见和她的意见不一样。　　　　Wǒ de yìjiàn hé tā de yìjiàn bù yíyàng.

疑問文： 你的意见和她的意见一样吗？　　　Nǐ de yìjiàn hé tā de yìjiàn yíyàng ma?

　　　　你的意见和她的意见一样不一样？　Nǐ de yìjiàn hé tā de yìjiàn yíyàng bu yíyàng?

3 三つの比較表現

① A＝B "A 和 (／跟) B 一样" + 形容詞： 「A と B は同じくらい～だ」

我和他一样高。	Wǒ hé tā yíyàng gāo.
新宿跟银座一样热闹。	Xīnsù gēn Yínzuò yíyàng rènao. 〔新宿 Xīnsù＝新宿〕

② A＞B "A 比 B" + 形容詞： 「A は B より～だ」

他比我高。	Tā bǐ wǒ gāo.
他的爱好比我的爱好多。	Tā de àihào bǐ wǒ de àihào duō.

③ A＜B "A 没有 B" (＋"这么／那么") + 形容詞： 「A は B ほど～でない」

我没有他高。	Wǒ méiyou tā gāo.
我的爱好没有他的爱好那么多。	Wǒ de àihào méiyou tā de àihào nàme duō.

1 下線部を入れ替えて練習しましょう。

B83 1) 你教我汉语，好吗？　　　　　　　　Nǐ jiāo wǒ Hànyǔ, hǎo ma?

　① 英语 Yīngyǔ　　② 中国歌 Zhōngguógē　　③ 游泳 yóu yǒng

B84 2) 小林送李华一本词典。　　　　　　　Xiǎolín sòng Lǐ Huá yì běn cídiǎn.

　① 邻居 línjū　　　　　　② 爸爸 bàba　　　　　③ 我 wǒ
　　我 wǒ　　　　　　　　　妈妈 māma　　　　　　同事 tóngshì
　　一盒点心　　　　　　　　一束花　　　　　　　　两张电影票
　　yì hé diǎnxin　　　　　　yí shù huā　　　　　　liǎng zhāng diànyǐng piào

B85 3) 你的爱好和他的爱好一样吗？　　　　Nǐ de àihào hé tā de àihào yíyàng ma?

　① 她的专业 tā de zhuānyè　　　　　　你的专业 nǐ de zhuānyè
　② 日本的馒头 Rìběn de mántou　　　　中国的馒头 Zhōngguó de mántou
　③ 南方的气候 nánfāng de qìhòu　　　　北方的气候 běifāng de qìhòu

2 日本語の意味になるように並べ替えてから、（　　）内の疑問詞を用いて疑問文を作りましょう。

　例）彼女は友達に誕生日プレゼントを贈る。
　　　送／生日礼物／朋友／她　　（什么）

　　　　她送朋友生日礼物。
　　　　她送朋友什么？

1) 李さんは同僚に中国の月餅を贈りたいと思います。
李先生 ／ 同事 ／ 中国的 ／ 想送 ／ 月饼。 （什么）

2) 店員さん、取り皿を五枚、お箸を二膳ください。
服务员 ／ 盘子 ／ 五个 ／ 给 ／ 两双 ／ 我 ／ 筷子 （什么）

3) 昨日王さんは同僚に1000円借りた。
一千日元 ／ 同事 ／ 昨天 ／ 小王 ／ 借了 （多少钱）

B86 3 音声を聞き、質問に中国語でこたえましょう。

1) ① 友達に何を贈りますか。

② なぜですか。

2) ① 小林さんは誰に電話しますか。

② 小林さんは何を伝えますか。

4 中国語に訳しましょう。

1) あなたの会社の住所を教えてください。

2) 私に 1000 円貸してください。

3) 水を一杯ください。

4) 彼は友達に新しい電話番号を知らせた。

5) 普通、中国人は友達にハンカチは贈りません。

小老师に聞いてみよう！

① "跟他我一样大" といったら間違っていると言われました。なぜでしょう？

② "我教太极拳日本留学生。" といったら間違っていると言われました。なぜで
しょう？

③ 「郷に入っては郷に従え」は中国語で何といいますか？

単 語

● 本文単語 ●

1. 问题 wèntí ［名］質問、問題
2. 结婚 jié hūn ［動］結婚する
3. 送 sòng ［動］贈る、送る
4. 一般 yìbān ［副・形］普通、普通である
5. 红包 hóngbāo ［名］祝儀、ボーナス
6. 有的 yǒu de ［代］ある（人、もの）
7. 日用品 rìyòngpǐn ［名］日用品
8. 忌讳 jìhuì ［名］タブー
9. 一般来说 yìbān lái shuō 一般的に言えば

10. 钟 zhōng ［名］置き時計、掛け時計
11. 伞 sǎn ［名］傘
12. 手绢 shǒujuàn ［名］ハンカチ
13. 易碎 yì suì 割れやすい
14. 习惯 xíguàn ［名］習慣
15. 一样 yíyàng ［形］同じ
16. 入乡随俗 rù xiāng suí sú
　　　　　　 ［成］郷に入っては郷に従え

● 短文単語 ●

1. 告诉 gàosu ［動］伝える、教える
2. 套 tào ［量］〜セット
3. 茶具 chájù ［名］茶器、茶道具

4. 觉得 juéde ［動］感じる、〜と思う
5. 一定 yídìng ［副］きっと、必ず
6. 回答 huídá ［動・名］こたえる、回答

1. 水 shuǐ　[名] 水
2. 借 jiè　[動] 貸す、借りる
3. 教 jiāo　[動] 教える
4. 意见 yìjiàn　[名] 意見
5. 热闹 rènao　[形] にぎやかである
6. 这么 zhème　[代] こんなに、そんなに
7. 那么 nàme　[代] あんなに、そんなに
8. 邻居 línjū　[名] 隣近所（の人）
9. 束 shù　[量] 〜束
10. 票 piào　[名] チケット、切符
11. 专业 zhuānyè　[名] 専攻

12. 馒头 mántou　[名] 蒸しパン
13. 南方 nánfāng　[名] 南方
14. 气候 qìhòu　[名] 気候
15. 北方 běifāng　[名] 北方
16. 先生 xiānsheng　[名] 〜さん（男性）
17. 月饼 yuèbing　[名] 月餅
18. 盘子 pánzi　[名] 皿
19. 筷子 kuàizi　[名] 箸
20. 地址 dìzhǐ　[名] 住所
21. 新 xīn　[形] 新しい

去朋友家（1）

友人の家へ

目標 友人宅を訪れる

C01
C02

Lǐ Huá de péngyou gěi tā fāle ge yóujiàn, shuō
李 华 的 朋友 给 他 发了 个 邮件， 说

háizi zài zhōngxué xué Hànyǔ, xiǎng zhǎo yí ge
孩子 在 中学 学 汉语， 想 找 一 个

Hànyǔ jiājiào, wèn tā néng bu néng bāng máng. Zhè
汉语 家教， 问 他 能 不 能 帮 忙。 这

shì yí ge jièshào Zhōngguó wénhuà de hǎo jīhuì, Lǐ
是 一 个 介绍 中 国 文化 的 好 机会， 李

Huá fēicháng gāoxìng, mǎshàng shuō kěyǐ. Tā shì
华 非 常 高兴， 马上 说 可以。 他 是

liǎng nián qián lái Rìběn de, dàn hái méi qùguo
两 年 前 来 日本 的， 但 还 没 去过

Rìběnrén de jiā, yě hěn xiǎng qù kànkan Rìběnrén
日 本 人 的 家， 也 很 想 去 看看 日本人

de shēnghuó.
的 生 活。

‼ 注 釈

① "发了个邮件"："发了一个邮件" と同じ。"一" は省略されることが多い。
② "能不能〜？"：「〜してもらえませんか」と依頼したり、たずねたりする時の表現。

Lǐ Huá de péngyou gěi tā fāle ge yóujiàn, shuō háizi zài zhōngxué xué Hànyǔ, xiǎng zhǎo yí ge Hànyǔ jiājiào, wèn tā néng bu néng bāng máng. Zhè shì yí ge jièshào Zhōngguó wénhuà de hǎo jīhuì, Lǐ Huá fēicháng gāoxìng, mǎshàng shuō kěyǐ. Tā shì liǎng nián qián lái Rìběn de, dàn hái méi qùguo Rìběnrén de jiā, yě hěn xiǎng qù kànkan Rìběnrén de shēnghuó.

李华的朋友给他发了个邮件，说孩子在中学学汉语，想找一个汉语家教，问他能不能帮忙。这是一个介绍中国文化的好机会，李华非常高兴，马上说可以。他是两年前来日本的，但还没去过日本人的家，也很想去看看日本人的生活。

去朋友家 (2)

友人の家で

Lǐ Huá jīntiān yào qù péngyou jiā, péngyou jiā
李 华 今 天 要 去 朋 友 家，朋 友 家

lí Lǐ Huá de jiā bú tài yuǎn, cóng tā jiā dào
离 李 华 的 家 不 太 远， 从 他 家 到

péngyou jiā zuò diànchē yào yí ge xiǎoshí. Tā gěi
朋 友 家 坐 电 车 要 一 个 小 时。他 给

péngyou mǎile yì hé diǎnxin, shì zài yì jiā lǎozìhào
朋 友 买 了 一 盒 点 心，是 在 一 家 老 字 号

mǎi de. Péngyou yì jiā dōu zài, péngyou de háizi
买 的。 朋 友 一 家 都 在， 朋 友 的 孩 子

huì bèi tángshī, Lǐ Huá tīngle tā bèi de 《Jìngyèsī》,
会 背 唐 诗，李 华 听 了 他 背 的 《静 夜 思》，

fēicháng gāoxìng.
非 常 高 兴。

Lǐ Huá jīntiān yào qù péngyou jiā, péngyou jiā lí Lǐ Huá de jiā bú tài yuǎn, cóng tā jiā dào péngyou jiā zuò diànchē yào yí ge xiǎoshí. Tā gěi péngyou mǎile yì hé diǎnxin, shì zài yì jiā lǎozìhào mǎi de. Péngyou yì jiā dōu zài, péngyou de háizi huì bèi tángshī, Lǐ Huá tīngle tā bèi de 《Jìngyèsī》, fēicháng gāoxìng.

李华今天要去朋友家，朋友家离李华的家不太远，从他家到朋友家坐电车要一个小时。他给朋友买了一盒点心，是在一家老字号买的。朋友一家都在，朋友的孩子会背唐诗，李华听了他背的《静夜思》，非常高兴。

●本文に基づいて問答練習をしましょう。

友人の家へ （1）

1. 誰が李華さんにメールを送りましたか。
2. 誰が中国語を勉強していますか。
3. 彼はどこで中国語を勉強していますか。
4. 李華さんはなぜ喜んだのですか。
5. 李華さんはいつ日本に来たのですか。
6. 李華さんは日本人の家に行ったことがありますか。

友人の家で （2）

1. 李華さんは今日誰の家に行くことになっていますか。
2. 友達の家は李華さんの家から遠いですか。
3. 李華さんの家から友達の家まで電車でどれくらいかかりますか。
4. 彼は友達に何を買いましたか。
5. 彼はどこで買ったのですか。
6. 友達の子供は唐詩を暗唱できますか。

"去朋友家（1）"

C05

1. Shéi gěi Lǐ Huá fā yóujiàn le?
   谁 给 李 华 发 邮 件 了？

2. Shéi xuéxí Hànyǔ?
   谁 学习 汉语？

3. Tā zài nǎr xuéxí Hànyǔ?
   他 在 哪儿 学习 汉语？

4. Lǐ Huá wèi shénme hěn gāoxìng?
   李 华 为 什 么 很 高 兴？

5. Lǐ Huá shì shénme shíhou lái Rìběn de?
   李 华 是 什 么 时 候 来 日 本 的？

6. Tā qùguo Rìběnrén de jiā ma?
   他 去 过 日 本 人 的 家 吗？

"去朋友家 (2)"

C06

1. Lǐ Huá jīntiān yào qù shéi jiā?
李 华 今 天 要 去 谁 家?

2. Péngyou jiā lí Lǐ Huá de jiā yuǎn bu yuǎn?
朋 友 家 离 李 华 的 家 远 不 远?

3. Cóng Lǐ Huá de jiā dào péngyou jiā zuò diànchē yào
从 李 华 的 家 到 朋 友 家 坐 电 车 要

duōcháng shíjiān?
多 长 时 间?

4. Tā gěi péngyou mǎile shénme?
他 给 朋 友 买 了 什 么?

5. Tā shì zài nǎr mǎi de?
他 是 在 哪儿 买 的?

6. Péngyou de háizi huì bèi tángshī ma?
朋 友 的 孩 子 会 背 唐 诗 吗?

1 "是～的"

すでに実現したことについて、時間、場所、方法などを強調する時に用いる。"是"は省略することがある。

"是" + ┌ 時間 ┐ + 動詞 + "的"
　　　 │ 場所 │
　　　 └ 方法など ┘

肯定文： 我是　　星期五　　知道的。　　　　　Wǒ shì xīngqīwǔ zhīdào de.

　　　　 我是　　在学校　　学的。　　　　　　Wǒ shì zài xuéxiào xué de.

　　　　 他是　　坐飞机　　来的。　　　　　　Tā shì zuò fēijī lái de.

否定文： 他不是　坐电车　　去的，是　打的　去的。

　　　　　　　　　　　　　　　 Tā bú shì zuò diànchē qù de, shì dǎ dī qù de.

疑問文： A：你是　一个人　　去的　吗？　　　Nǐ shì yí ge rén qù de ma?

　　　　 B：我是　跟她　　　去的。　　　　　Wǒ shì gēn tā qù de.

　　　　 A：你是　什么时候　借的？　　　　　Nǐ shì shénme shíhou jiè de?

　　　　 B：我是　昨天　　　借的。　　　　　Wǒ shì zuótiān jiè de.

　　　　 A：你是　怎么　　　来的？　　　　　Nǐ shì zěnme lái de?

　　　　 B：我是　骑车　　　来的。　　　　　Wǒ shì qí chē lái de.

2 助動詞 "会"「(習得して) 〜できる」

動詞の前に置く。

肯定文：	我会说汉语。	Wǒ huì shuō Hànyǔ.
否定文：	他不会游泳。	Tā bú huì yóu yǒng.
疑問文：	你会开车吗？	Nǐ huì kāi chē ma?
	你会不会打网球？	Nǐ huì bu huì dǎ wǎngqiú?

3 助動詞 "要"「〜することになっている、〜したい」

予定や強い願望を表す。「〜したくない」を表す場合は、"不想" を使う。

肯定文：	下个月我要去中国出差。	Xià ge yuè wǒ yào qù Zhōngguó chū chāi.
	太累了，我要休息。	Tài lèi le, wǒ yào xiūxi.
否定文：	我不想去公司。	Wǒ bù xiǎng qù gōngsī.

"要" には動詞の用法もあり、所要時間などを表す。

坐电车要一个小时。　　　　　　　　　　Zuò diànchē yào yí ge xiǎoshí.

4 "从 A 到 B"「A から B まで」

从星期一到星期五工作。　　　　　　　　Cóng xīngqīyī dào xīngqīwǔ gōngzuò.

从北京到天津坐高铁要半个小时。　Cóng Běijīng dào Tiānjīn zuò gāotiě yào bàn ge xiǎoshí.

1 下線部を入れ替えて練習しましょう。

 1) A: 这个周末你有时间吗？　　Zhè ge zhōumò nǐ yǒu shíjiān ma?

B: 我要<u>去温泉</u>。　　Wǒ yào <u>qù wēnquán</u>.

① 去一日游 qù yírìyóu　　② 回老家 huí lǎojiā　　③ 去出差 qù chū chāi

2) A: 小林<u>回国</u>了。　　Xiǎolín <u>huí guó</u> le.

B: 他是什么时候<u>回国</u>的？　　Tā shì shénme shíhou <u>huí guó</u> de?

A: 他是<u>上个月</u><u>回国</u>的。　　Tā shì <u>shàng ge yuè</u> <u>huí guó</u> de.

① 去出差 qù chū chāi　　　星期二 xīngqī'èr

② 出院 chū yuàn　　　　昨天 zuótiān

③ 结婚 jié hūn　　　　去年 qùnián

3) A: 小林去故宫玩儿了。　　Xiǎolín qù Gùgōng wánr le.

B: 他是怎么去的？　　Tā shì zěnme qù de?

A: 他是<u>坐地铁</u>去的。　　Tā shì <u>zuò dìtiě</u> qù de.

① 坐公交车 zuò gōngjiāochē　　② 开车 kāi chē　　③ 骑自行车 qí zìxíngchē

4) A: <u>这件衣服真漂亮</u>，你是在哪儿买的？

<u>Zhè jiàn yīfu zhēn piàoliang</u>, nǐ shì zài nǎr mǎi de?

B: 我是在<u>银座</u>买的。　Wǒ shì zài <u>Yínzuò</u> mǎi de.

① 这本书真好看　　　　王府井

zhè běn shū zhēn hǎokàn　　　Wángfǔjǐng

② 这个点心真好吃　　　　中华街

zhè ge diǎnxin zhēn hǎochī　　Zhōnghuájiē

③ 这种绿茶真好喝　　　　京都

zhè zhǒng lǜchá zhēn hǎohē　　Jīngdū

C11 5) A: 你会游泳吗？   Nǐ huì yóu yǒng ma?
        B: 我不会游泳。   Wǒ bú huì yóu yǒng.

        ① 包饺子 bāo jiǎozi   ② 说法语 shuō Fǎyǔ   ③ 做日本菜 zuò Rìběncài

C12 6) 从星期一到星期五 上班。   Cóng xīngqīyī dào xīngqīwǔ shàng bān.

        ① 七点 qī diǎn   八点 bā diǎn   学习 xuéxí
        ② 一号 yī hào   五号 wǔ hào   放假 fàng jià
        ③ 早上 zǎoshang   晚上 wǎnshang   都很忙 dōu hěn máng

2 日本語の意味になるように並べ替えましょう。

1) 彼女のお父さんがいつ来たのか知っていますか。
    你 ／ 来 ／ 什么时候 ／ 她爸爸 ／ 是 ／ 的 ／ 吗 ／ 知道

2) 彼は北京に留学したことがあるので、中国語が話せます。
    他 ／ 说 ／ 他 ／ 汉语 ／ 在 ／ 留过学 ／ 会 ／ 北京

3) 火曜から土曜まで私の兄はコンビニでアルバイトをしています。
    便利店 ／ 到 ／ 星期六 ／ 在 ／ 星期二 ／ 我 ／ 从 ／ 哥哥 ／ 打工

4) テニスをしたことがないので、できるかどうかわかりません。
    我 ／ 不 ／ 打 ／ 没 ／ 不知道 ／ 过 ／ 会 ／ 会 ／ 网球

5) 東京から上海まで飛行機で3時間半かかります。
    飞机 ／ 上海 ／ 到 ／ 坐 ／ 三个半 ／ 东京 ／ 要 ／ 从 ／ 小时

3 聞き取り練習

1) 音声を聞き、表を完成させましょう。

	できること	できないこと
①		
②		

2) 音声を聞き、内容と合っていれば○、違っていれば×を入れましょう。

① 王丽是从北京来的。　　（　　）

② 我们去王府井玩儿。　　（　　）

③ 中文杂志是在北京买的。　（　　）

④ 我会打太极拳。　　（　　）

4 中国語に訳し、質問に中国語でこたえましょう

1) あなたは中国語が話せますか。

2) あなたはいつから中国語を学んでいるのですか。

3) 一緒に来てもらえませんか。

4) あなたの家から学校までどのくらいかかりますか。

5) <u>今日はすごく暑いですね</u>、何が飲みたいですか。
　　今天太热了，

小老师に聞いてみよう！

① "我是明天去北京的" といったら間違っていると言われました。なぜでしょう？

② 散歩に行きたくないといいたくて、"我不要去散步" といったら間違っている
　と言われました。なぜでしょう？

③ "车站从我家很远" といったら間違っていると言われました。なぜでしょう？

単 語

● 本文単語 ●

C15
1〜13

C16
14〜23

1. 发 fā ［動］出す、送る

2. 邮件 yóujiàn ［名］メール、郵便物

3. 孩子 háizi ［名］子供

4. 中学 zhōngxué ［名］中学、高校

5. 找 zhǎo ［動］探す

6. 家教 jiājiào ［名］家庭教師、しつけ

7. 能 néng ［助動］〜できる

8. 帮忙 bāng máng ［動］手伝う

9. 文化 wénhuà ［名］文化

10. 马上 mǎshàng ［副］すぐ

11. 前 qián ［名］前

12. 但 dàn ［接］しかし

13. 生活 shēnghuó ［名・動］生活（する）

14. 要 yào ［助動］〜することになっている、〜したい

15. 从〜到… cóng~dào... 〜から…まで

16. 要 yào ［動］かかる、いる

17. 小时 xiǎoshí ［名］〜時間

18. 老字号 lǎozìhào ［名］老舗

19. 一家 yìjiā ［名］一家

20. 会 huì ［助動］〜できる

21. 背 bèi ［動］暗記する、暗唱する

22. 唐诗 tángshī ［名］唐の時代の古詩

23. 《静夜思》 Jìngyèsī

『静夜思』李白の名詩

● 学習ポイント・練習単語 ●

C17

1. 知道 zhīdào ［動］知っている、わかる

2. 累 lèi ［形］疲れている

3. 高铁 gāotiě ［名］高速鉄道

4. 一日游 yírìyóu ［名］日帰り旅行

5. 老家 lǎojiā ［名］故郷

6. 出院 chū yuàn ［動］退院する

7. 公交车 gōngjiāochē ［名］バス

8. 衣服 yīfu ［名］服

9. 好看 hǎokàn ［形］きれいだ

10. 王府井 Wángfǔjǐng ［名］王府井

11. 中华街 Zhōnghuájiē ［名］中華街

12. 绿茶 lǜchá ［名］緑茶

13. 包 bāo ［動］包む、作る

14. 日本菜 Rìběncài ［名］日本料理

15. 放假 fàng jià ［動］休暇になる

16. 留学 liú xué ［動］留学する

17. 打工 dǎ gōng ［動］アルバイトをする

18. 乒乓球 pīngpāngqiú ［名］卓球

19. 棒球 bàngqiú ［名］野球

20. 中文 Zhōngwén ［名］中国語

第九课～第十四课　まとめ

1 量詞

个 ge	人や事物など	面包 miànbāo、朋友 péngyou、问题 wèntí
只 zhī	動物	猫 māo、鸟 niǎo、兔子 tùzi
把 bǎ	取っ手や握る部分があるもの	伞 sǎn、钥匙 yàoshi、椅子 yǐzi
本 běn	書物	词典 cídiǎn、书 shū、杂志 zázhì
套 tào	組やセットになっているもの	茶具 chájù、西装 xīzhuāng、围棋 wéiqí
张 zhāng	平面をもつもの	票 piào、桌子 zhuōzi、床 chuáng
瓶 píng	瓶に入っているもの	水 shuǐ、啤酒 píjiǔ、可乐 kělè
盒 hé	ふた付きの箱に入っているもの	点心 diǎnxin、鸡蛋 jīdàn、月饼 yuèbing
件 jiàn	衣類、事柄、荷物	毛衣 máoyī、事 shì、行李 xíngli
双 shuāng	二つで一組になっているもの	袜子 wàzi、筷子 kuàizi、眼睛 yǎnjing
杯 bēi	コップに入っているもの	水 shuǐ、茶 chá、咖啡 kāfēi
支／枝 zhī	細長い棒状のもの	笔 bǐ、花 huā
台 tái	機械など	电脑 diànnǎo、冰箱 bīngxiāng、电视机 diànshìjī
斤 jīn	重さの単位（500ｇ）	橘子 júzi、肉 ròu、白菜 báicài
条 tiáo	細長いもの	路 lù、河 hé、裤子 kùzi
家 jiā	商店、企業など	面包房 miànbāofáng、公司 gōngsī、餐厅 cāntīng、医院 yīyuàn
些 xiē	不定の数量	人 rén、问题 wèntí、纪念品 jìniànpǐn
种 zhǒng	人やものの種類	苹果 píngguǒ、酒 jiǔ、意见 yìjiàn

●左のページを参考に中国語を書き入れて、表を完成させましょう。

	人や事物など	
	動物	
	取っ手や握る部分があるもの	
	書物	
	組やセットになっているもの	
	平面をもつもの	
	瓶に入っているもの	
	ふた付きの箱に入っているもの	
	衣類、事柄、荷物	
	二つで一組になっているもの	
	コップに入っているもの	
	細長い棒状のもの	
	機械など	
	重さの単位（500 g）	
	細長いもの	
	商店、企業など	
	不定の数量	
	人やものの種類	

2 色々な疑問文

① 他去中国 吗 ？

② 我去美国，他 呢 ？

③ 他去美国 还是 去中国 ？　　　⇨　　他去中国。

④ 他 去不去 中国 ？　（反復疑問文）

⑤ 他去 哪儿 ？　　　（疑問詞疑問文）

3 介詞

～に	～から	～と	～から	～で	～と
给	从	跟	离	在	和

山田さんは明日、田中さんの家に遊びに行きたいと思います。

田中さんの家は千葉にあります。山田さんは田中さんに電話をしました。

山田：私の家から千葉までどのくらいかかりますか。

　　　明日は子供と一緒に行きたいのですが。

田中：千葉は、東京から遠いので、車で2時間かかります。

　　　みんなで海で遊びましょう。

山田：いいですね。では明日！

●左のページを参考に疑問文を作ってみましょう。

①"吗"

②"呢"

③"还是"　　⇨　　 我喝咖啡。

④反復疑問文

⑤疑問詞疑問文

●中国語で言ってみましょう。

車で２時間

千葉の田中さん

東京の山田さん

4 "的"の用法

「私の本」や「母が作った料理」のように名詞を修飾する場合、中国語では助詞 "的" を伴う。

1) 名詞 ＋ "的" ＋ 名詞

姐姐的书（姉の本）　　公司的车（会社の車）　　昨天的报纸（昨日の新聞）

後ろの名詞（被修飾語）を省略することもできる。

姐姐的（姉の）　　公司的（会社の）　　昨天的（昨日の）

2) 人称代名詞 ＋ "的"＋ 名詞

人間関係や所属組織等を修飾する場合は通常 "的" を省略する。

他弟弟（彼の弟）　　我朋友（私の友人）　　我们大学（私達の大学）

3) 動詞フレーズ ＋ "的" ＋ 名詞

妈妈做的菜（母が作った料理）　　从中国来的留学生（中国から来た留学生）

"的" を入れないと、意味が変わってしまうので注意。

妈妈做菜（母が料理を作る）

4)"很" ＋ 形容詞 ＋ "的" ＋ 名詞

很大的公园（とても大きな公園）　　很新鲜的水果（とても新鮮な果物）

"很多"、"很少" は "的" を省略することが多い。

很多外国人（たくさんの外国人）　　很少时间（わずかな時間）

● "的" を使って中国語に訳しましょう！

1. 京都で買ったお菓子
   ⇒

2. 彼らの会社
   ⇒

3. これは誰のですか。
   ⇒

4. とても辛い料理
   ⇒

5. 昨日友達と行った喫茶店
   ⇒

6. あなたの住所
   ⇒

7. 兄の部屋は私のより大きい。
   ⇒

8. たくさんの趣味
   ⇒

9. 家でご飯を食べていた時
   ⇒

● 練習 ●

1 （　　）に入る語句を①～④から選びましょう。

(1)　你们学校有（　　　　）学生？
　　　①怎么　　　②几　　　③哪儿　　　④多少

(2)　我家（　　　　）地铁站不远。
　　　①从　　　②离　　　③到　　　④给

(3)　我不想（　　　　）他我的电话号码。
　　　①教　　　②说　　　③写　　　④告诉

(4)　上个月我（　　　　）去北京出差。
　　　①不　　　②是　　　③没　　　④过

(5)　公司附近（　　　　）三家便利店。
　　　①在　　　②是　　　③有　　　④离

(6)　和平饭店（　　　　）走？
　　　①怎么　　　②怎么样　　　③什么　　　④哪儿

2 日本語の意味になるように並べ替えましょう。

(1)　王麗さんはディズニーランドに行ったことがありません。
　　去／没／过／迪士尼乐园／王丽
　　⇒

(2)　私は友達を誘って映画を見に行きたいです。
　　约／去／我／一起／看／想／电影／朋友
　　⇒

(3)　王麗さんは昨日李華さんに何度も電話をしました。
　　昨天／电话／给／打／王丽／李华／了／很多
　　⇒

(4) 由美さんは先生に質問しました。

问 ／ 由美 ／ 一个 ／ 了 ／ 问题 ／ 老师

⇒

(5) 私の家は川沿いにあり、川には魚がたくさんいます。

河里 (hé li) ／ 鱼 ／ 在 ／ 我家 ／ 有 ／ 河边 (hébiān) ／ 很多

⇒

(6) 私は旅行に行ったのではなく、会議に行ったのです。

我 ／ 去 ／ 去 ／ 开会 ／ 旅游 ／ 不是 ／ 是 ／ 的 ／ 的

⇒

C18 **3** 音声を聞き、文を完成させましょう。

(1) 你们开车去 ＿＿＿＿＿＿＿＿＿＿＿＿＿＿＿＿ ？

(2) 红茶 ＿＿＿＿＿＿＿＿＿＿＿＿＿＿＿ 。

(3) 星期天有的人去买东西，＿＿＿＿＿＿＿＿＿＿＿＿＿ 。

(4) 年轻人 ＿＿＿＿＿ 小林迷路，＿＿＿＿＿ 去地铁站。

(5) ＿＿＿＿＿ , 李华想 ＿＿＿＿＿ 。

C19 **4** 音声を聞き、質問に中国語でこたえましょう。

(1) ＿＿＿＿＿＿＿＿＿＿＿＿＿＿＿＿＿＿＿＿＿＿＿＿＿

(2) ＿＿＿＿＿＿＿＿＿＿＿＿＿＿＿＿＿＿＿＿＿＿＿＿＿

(3) ＿＿＿＿＿＿＿＿＿＿＿＿＿＿＿＿＿＿＿＿＿＿＿＿＿

(4) ＿＿＿＿＿＿＿＿＿＿＿＿＿＿＿＿＿＿＿＿＿＿＿＿＿

(5) ＿＿＿＿＿＿＿＿＿＿＿＿＿＿＿＿＿＿＿＿＿＿＿＿＿

🎧 C20 **5** 音声を聞き、質問に中国語でこたえましょう。

(1) 谁去过迪士尼乐园？ _____

(2) 哥哥七点做什么？ _____

(3) 坐飞机多少钱？ _____

(4) 谁家离机场近？ _____

(5) 地铁站在哪儿？ _____

こんな時どういうの？

第一課

1. 挨拶して、自分の名前を伝えてから相手の名前をたずねる ☐
2. 自分の名前をいう ☐
3. 知り合えてうれしいという ☐
4. こちらもうれしいという ☐
5. その人（彼か彼女）は誰かとたずねる ☐
6. 友人だという ☐

第二課

7. 招き入れ席をすすめ、お茶を出す ☐
8. お礼をいい、何茶かとたずねる ☐
9. ウーロン茶だとこたえる ☐
10. おいしいという ☐
11. 元気かとたずねる ☐
12. 元気だとこたえる ☐
13. 忙しいかとたずねる ☐
14. 忙しくないとこたえ、相手にも聞く ☐
15. 忙しくないとこたえる ☐

第三課

16. 誕生日をたずねる ☐
17. 誕生日をこたえる ☐
18. おめでとうという ☐
19. 部屋の番号をたずねる ☐
20. 1028 だという ☐
21. もう一度繰り返してもらう ☐

第四課

22. 何を食べるかとたずねる ☐
23. こたえてから、相手にもたずねる ☐
24. 食べたいものをこたえる ☐
25. ビールを飲むかどうかたずねる ☐
26. ビールは飲まない、お茶を飲むという ☐

27.	図書館に行くかどうかたずねる	☐
28.	行かない、帰宅するという	☐
29.	明日学校に来るかとたずねる	☐
30.	午後に来るという	☐
31.	それではまた明日という	☐

第五課

32.	家はどこにあるかとたずねる	☐
33.	自宅の場所をこたえる	☐
34.	何人家族かとたずねる	☐
35.	人数をこたえ、家族構成をいう	☐
36.	兄弟姉妹がいるかとたずねる	☐
37.	いないとこたえ、相手にもたずねる	☐
38.	兄が二人いるとこたえる	☐
39.	うらやましいという	☐

第六課

40.	どこに行くのかとたずねる	☐
41.	銀座に行くとこたえる	☐
42.	目的をたずねる	☐
43.	買い物に行くとこたえる	☐
44.	明日大阪に行くという	☐
45.	目的をたずねる	☐
46.	出張に行くとこたえる	☐
47.	行く方法をたずねる	☐
48.	新幹線で行くとこたえる	☐

第七課

49.	職業をたずねる	☐
50.	職業をこたえる	☐
51.	どこで働いているかとたずねる	☐
52.	働いている所をこたえる	☐
53.	何が好きかとたずねる	☐
54.	太極拳が好きだとこたえる	☐
55.	自分も好きだといい、どこでやっているのかをたずねる	☐
56.	場所を伝え、毎日そこで練習しているという	☐

57. ひとこと言って、何時からやっているのかと聞く □

58. 朝の6時半からだと伝え、見に来るように誘う □

59. わかったという □

第八課

60. 東京の出身だという □

61. 職業はサラリーマンだという □

62. 自分の趣味をいう □

63. 中国の歌を歌うのが好きだという □

64. 語学学校で中国語を学んでいるという □

65. 中国語は大変面白いという □

66. どうぞよろしくお願いいたしますという □

＊＊＊＊＊＊＊＊＊＊＊＊＊＊＊＊＊＊＊＊＊

67. 毎朝起きる時間をいう □

68. 出かける時間をいう □

69. 地下鉄で会社に行くという □

70. 会社の出勤時間と退勤時間をいう □

71. お昼は同僚と外で食べるという □

72. 仕事がとても忙しいという □

73. 頻繁に残業するという □

74. 夜は8時か9時に帰宅することもあるという □

75. 寝る時間をいう □

第九課

76. ディズニーランドに行ったことがあるかとたずねる □

77. 行ったことがないとこたえる □

78. 一緒に行こうと誘う □

79. 喜んで、いつ行くかたずねる □

80. 来週の土曜はどうかとたずねる □

81. 了承して、車と電車どちらで行くかたずねる □

82. 電車で行こうという □

83. どこで会うかとたずねる □

84. 時間と場所を提案する □

85. 確認し、待ち合わせをする時の決まり文句をいう □

86. 決まり文句をいう □

＊＊＊＊＊＊＊＊＊＊＊＊＊＊＊＊＊＊＊＊＊

87.	王麗さんはディズニーランドに行ったことがあるか聞く	☐
88.	由美さんは誰をディズニーランドに誘ったかとたずねる	☐
89.	彼女たちはどこへ遊びに行くかたずねる	☐
90.	王麗さんは喜んだか聞く	☐
91.	彼女たちはいつ会うかたずねる	☐
92.	どこで会うか聞く	☐
93.	どうやってディズニーランドに行くかたずねる	☐
94.	ディズニーランドに行ったことがあるかたずねる	☐

第十課

95.	「いらっしゃいませ」といい、何を買いたいかたずねる	☐
96.	リンゴが買いたいという	☐
97.	これはどうかと提案する	☐
98.	500ｇでいくらかをたずねる	☐
99.	値段をこたえる	☐
100.	値段が高すぎるといい、あの種類はどうかとたずねる	☐
101.	二つの種類の値段と味の差をこたえる	☐
102.	これをくださいという	☐
103.	10元を受け取り2元のつり銭を出す	☐

＊＊＊＊＊＊＊＊＊＊＊＊＊＊＊＊＊＊＊＊

104.	家の近所には何があるかたずねる	☐
105.	そこの果物はどうか聞く	☐
106.	種類は多いか聞く	☐
107.	そこの果物は、スーパーのより安いかどうか聞く	☐
108.	普段どこへ果物を買いに行くのが好きかとたずねる	☐
109.	月末にスーパーへ行って果物を買う時があるのはなぜか聞く	☐

第十一課

110.	目的地への行き方をたずねる	☐
111.	地下鉄で行くようにすすめる	☐
112.	地下鉄の駅をたずねる	☐
113.	この先にあると伝える	☐
114.	何か目印があるかとたずねる	☐
115.	目印を教え、地下鉄の駅はその右側にあると伝える	☐
116.	ここから遠いかとたずねる	☐
117.	それほど遠くはなく、5分ほど歩けば着くので連れて行くという	☐

| 118. | お礼をいう | ☐ |

* * * * * * * * * * * * * * * * * * *		
119.	日曜日、小林さんは家族とどこへ行くかたずねる	☐
120.	小林さんはなぜ若者にたずねたのか聞く	☐
121.	動物園にはどうやって行くのかたずねる	☐
122.	地下鉄の駅はどこにあるか聞く	☐
123.	若者はなぜ小林さんを連れて地下鉄の駅に行ったのか聞く	☐
124.	小林さんはなぜ感動したのか聞く	☐

第十二課

125.	冬休みにどこへ行ったかたずねる	☐
126.	京都に行ったとこたえる	☐
127.	返事を受けて、京都はどうだったかとたずねる	☐
128.	非常にきれいだったとこたえる	☐
129.	たくさんの場所に行ったのでしょうという	☐
130.	名所旧跡をいくつか見学したという	☐
131.	清水寺には行ったかとたずねる	☐
132.	もちろん行った、外国人観光客が多かったという	☐
133.	着物を着て写真を撮ったかと聞く	☐
134.	時間が足りなかったので次回にという	☐
135.	残念がり、お土産は？という	☐
136.	お菓子を買ってきたと伝えてすすめる	☐
137.	お礼をいう	☐

* * * * * * * * * * * * * * * * * * *		
138.	李華さんはどこへ遊びに行ったか聞く	☐
139.	京都はどんな所か聞く	☐
140.	多くの外国人観光客が京都へ観光に行くか聞く	☐
141.	李華さんは京都で何をしたか聞く	☐
142.	李華さんは何を買ったか聞く	☐
143.	機会があったらまたそこに行きたいか聞く	☐

第十三課

144.	一つ質問したいという	☐
145.	いいよといい、どんな質問かとたずねる	☐
146.	来月中国人の友人が結婚するので何をあげればいいかとたずねる	☐
147.	普通はご祝儀を包むという	☐

148.	プレゼントはしないのかとたずねる	☐
149.	日用品をあげる人もいるという	☐
150.	何がタブーかをたずねる	☐
151.	時計や傘は贈らないといい、日本はどうかたずねる	☐
152.	ハンカチや割れ物は贈らないという	☐
153.	中国と日本の習慣は違うという	☐
154.	「郷に入れば郷に従う」という	☐

****

155.	由美さんはなぜプレゼントを買いに行くか聞く	☐
156.	由美さんは李華さんに何をたずねたか聞く	☐
157.	李華さんはどのようにこたえたか聞く	☐
158.	二人はどこにプレゼントを買いに行ったか聞く	☐
159.	何を買ったか聞く	☐
160.	由美さんはどのように思ったか聞く	☐

第十四課

161.	誰が李華さんにメールを送ったか聞く	☐
162.	誰が中国語を習っているか聞く	☐
163.	どこで中国語を習っているか聞く	☐
164.	李華さんはなぜ喜んだのか聞く	☐
165.	いつ日本に来たのか聞く	☐
166.	日本人の家に行ったことがあるか聞く	☐

****

167.	李華さんは今日誰の家に行こうとしているか聞く	☐
168.	友達の家は李華さんの家から遠いか聞く	☐
169.	李華さんの家から友達の家まで電車でどれくらいかかるか聞く	☐
170.	友達に何を買ったか聞く	☐
171.	どこで買ったのか聞く	☐
172.	友達の子供は唐詩を暗唱できるか聞く	☐

1 北海道 Běihǎidào	13 东京 Dōngjīng	25 滋贺 Zīhè	37 香川 Xiāngchuān
2 青森 Qīngsēn	14 神奈川 Shénnàichuān	26 京都 Jīngdū	38 爱媛 Àiyuán
3 岩手 Yánshǒu	15 新潟 Xīnxì	27 大阪 Dàbǎn	39 高知 Gāozhī
4 宫城 Gōngchéng	16 富山 Fùshān	28 兵库 Bīngkù	40 福冈 Fúgāng
5 秋田 Qiūtián	17 石川 Shíchuān	29 奈良 Nàiliáng	41 佐贺 Zuǒhè
6 山形 Shānxíng	18 福井 Fújǐng	30 和歌山 Hégēshān	42 长崎 Chángqí
7 福岛 Fúdǎo	19 山梨 Shānlí	31 鸟取 Niǎoqǔ	43 熊本 Xióngběn
8 茨城 Cíchéng	20 长野 Chángyě	32 岛根 Dǎogēn	44 大分 Dàfēn
9 栃木 Lìmù	21 岐阜 Qífù	33 冈山 Gāngshān	45 宫崎 Gōngqí
10 群马 Qúnmǎ	22 静冈 Jìnggāng	34 广岛 Guǎngdǎo	46 鹿儿岛 Lù'érdǎo
11 埼玉 Qíyù	23 爱知 Àizhī	35 山口 Shānkǒu	47 冲绳 Chōngshéng
12 千叶 Qiānyè	24 三重 Sānchóng	36 德岛 Dédǎo	

世界の主な国名

 美国 Měiguó
アメリカ

 韓国 Hánguó
韓国

 英国 Yīngguó
イギリス

 新加坡 Xīnjiāpō
シンガポール

 法国 Fǎguó
フランス

 俄国 Éguó
ロシア

 德国 Déguó
ドイツ

 埃及 Āijí
エジプト

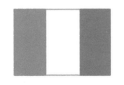 意大利 Yìdàlì
イタリア

 越南 Yuènán
ベトナム

 西班牙 Xībānyá
スペイン

 印度 Yìndù
インド

単語一覧

※数字は「本文単語、短文単語」で初出の課、Aは「あいさつ」、°は「学習ポイント・練習単語」で初出の課、*は「単語」以外で初出の課を表す。

A

Ābù Yóuměi	阿部由美	（名）	阿部由美	1
a	啊	（助）	驚き、感嘆、同意の語気を表す	3
àihào	爱好	（名）	趣味	8

B

bā	八	（数）	8	*3
bàba	爸爸	（名）	父	*5
ba	吧	（助）	勧誘・推量の語気を表す	7
bǎi	百	（名）	百	°10
bǎihuò gōngsī	百货公司	（名）	デパート	*6
bàn	半	（数）	半、半分	7
bāng máng	帮忙	（動）	手伝う	14
bàngqiú	棒球	（名）	野球	°14
bāo	包	（動）	包む、作る	°14
bāozi	包子	（名）	中華まん	°5
bēi	杯	（量）	〜杯	°12
běifāng	北方	（名）	北方	°13
Běihǎidào	北海道	（名）	北海道	°6
Běijīng	北京	（名）	北京	5
bèi	背	（動）	暗記する、暗唱する	14
běn	本	（量）	〜冊	°5
bǐ	比	（介）	〜より	10
biàn	遍	（量）	〜遍、〜回、〜度	3
biànlìdiàn	便利店	（名）	コンビニエンスストア	°11
biāozhì	标志	（名）	しるし、標識	11
bīngqílín	冰淇淋	（名）	アイスクリーム	*4
bīngxiāng	冰箱	（名）	冷蔵庫	°11
bówùguǎn	博物馆	（名）	博物館	°12
bú gòu	不够	（動）	足りない	12
bú jiàn bú sàn	不见不散		相手が来るまでその場で待つ	9
bú kèqi	不客气		どういたしまして	A
bú tài	不太		あまり〜でない	11
bù	不	（副）	〜でない	2

C

cāntīng	餐厅	(名)	レストラン	○11
chā huā	插花	(動)	花を生ける	*7
chá	茶	(名)	茶	2
chá	查	(動)	調べる	○9
chájù	茶具	(名)	茶器、茶道具	13
chà	差	(動)	足りない	○7
cháng	尝	(動)	味をみる	○7, 12
chángcháng	常常	(副)	いつも、よく	8
Chángchéng	长城	(名)	万里の長城	○10
chàng	唱	(動)	歌う	8
chāoshì	超市	(名)	スーパーマーケット	*6, 10
chǎofàn	炒饭	(名)	チャーハン	4
chēzhàn	车站	(名)	駅、バス停	○6
chī	吃	(動)	食べる	4
chū chāi	出差	(動)	出張する	6
chū mén	出门	(動)	出かける、外出する	8
chū yuàn	出院	(動)	退院する	○14
chuān	穿	(動)	着る、はく	12
chuán	船	(名)	船	○6
cídiǎn	词典	(名)	辞書	○11
cì	次	(量)	～回、～度	12
cóng~dào...	从～到…		～から…まで	14

D

dǎ	打	(動)	（球技を）する、打つ	7
dǎ	打	(動)	（電話を）かける	○12
dǎ bàngqiú	打棒球		野球をする	*7
dǎ dī	打的	(動)	タクシーに乗る	○9
dǎ gāo'ěrfūqiú	打高尔夫球		ゴルフをする	*7
dǎ gōng	打工	(動)	アルバイトをする	○14
dǎ lánqiú	打篮球		バスケットボールをする	*7
dǎ páiqiú	打排球		バレーボールをする	*7
dǎ pīngpāngqiú	打乒乓球		卓球をする	*7
dǎ wǎngqiú	打网球		テニスをする	○7
dà	大	(形)	大きい（大きさ、年齢など）	○10
Dàbǎn	大阪	(名)	大阪	6
dàjiā	大家	(代)	みなさん	8
dàxióngmāo	大熊猫	(名)	ジャイアントパンダ	11
dài	带	(動)	率いる、携帯する	11

dānxīn	担心	（動）	心配する	11
dàn	但	（接）	しかし	14
dàngāo	蛋糕	（名）	ケーキ	*4
dànshì	但是	（接）	しかし、でも	10
dāngrán	当然	（副）	もちろん	12
dǎoyóu	导游	（名）	ガイド	○7
dào	到	（動）	着く	11
de	的	（助）	～の	1
~dehuà	～的话		もし～ならば	12
děng	等	（動）	待つ	○9
Díshìní Lèyuán	迪士尼乐园	（名）	ディズニーランド	9
dìdi	弟弟	（名）	弟	○5
dìfang	地方	（名）	場所	12
dìtiě	地铁	（名）	地下鉄	○6, 8
dìzhǐ	地址	（名）	住所	○13
diǎn	点	（量）	～時	7
(yì)diǎnr	（一）点儿	（量）	少し	10
diǎnxin	点心	（名）	菓子	12
diànchē	电车	（名）	電車	9
diànhuà	电话	（名）	電話	○3
diànshìjù	电视剧	（名）	テレビドラマ	○10
diànyǐng	电影	（名）	映画	○8
diànyǐngyuàn	电影院	（名）	映画館	*6
Dōngjīng	东京	（名）	東京	○5
Dōngjīng zhàn	东京站	（名）	東京駅	9
dōngtiān	冬天	（名）	冬	○7
dōngxi	东西	（名）	もの	6
dòngwùyuán	动物园	（名）	動物園	○6, 11
dōu	都	（副）	すべて、みな	7
duìbuqǐ	对不起		すみません	A
duìmiàn	对面	（名）	向かい側	○11
duō	多	（形）	多い	10
duōdà	多大		いくつ	○8
duōduō guānzhào	多多关照		どうぞよろしく	8
duōshao	多少	（疑）	どれくらい	3
duōshao qián	多少钱		いくら	10

E

éi	欸	（感）	そうそう、そういえば	12
érzi	儿子	（名）	息子	5

èr	二	（数）	2	*3
F				
fā	发	（動）	出す、送る	14
Fǎyǔ	法语	（名）	フランス語	○9
fānyì	翻译	（名）	通訳	*7
fàn	饭	（名）	ご飯、食事	8
fàntuán	饭团	（名）	おにぎり	*4, ○5
fāngbiàn	方便	（形）	便利である	○10
fángjiān	房间	（名）	部屋	3
fàng jià	放假	（動）	休暇になる	○14
fēicháng	非常	（副）	非常に	10
fēijī	飞机	（名）	飛行機	○6
fēn	分	（量）	～分	○7
fēn	分	（量）	分（0.01 元）	○10
fēnzhōng	分钟	（量）	分、分間	11
fúwùyuán	服务员	（名）	従業員	○7
fùjìn	附近	（名）	付近、近所	10
Fùshìshān	富士山	（名）	富士山	○10
fùxí	复习	（動）	復習する	○9
G				
gānjìng	干净	（形）	清潔である	○10
gǎndòng	感动	（動）	感動する	11
gāo	高	（形）	高い	○8
gāotiě	高铁	（名）	高速鉄道	○14
gāoxìng	高兴	（形）	うれしい	1
gàosu	告诉	（動）	伝える、教える	13
gē	歌	（名）	歌	8
gēge	哥哥	（名）	兄	5
gèzi	个子	（名）	背丈	○8
ge	个	（量）	～人、～個	5
gěi	给	（介）	～に	12
gēn	跟	（介）	～と	8
gōngjiāochē	公交车	（名）	バス	○14
gōngsī	公司	（名）	会社	○4, 7
gōngyuán	公园	（名）	公園	*6, 7
gōngzuò	工作	（動・名）	働く、仕事	7
gòuwù zhōngxīn	购物中心	（名）	ショッピングセンター	11
gǔdū	古都	（名）	古都	12
Gùgōng	故宫	（名）	故宫	○10

guānglín	光临	（動）	いらっしゃる	10
guì	贵	（形）	高い	10
guìxìng	贵姓	（名）	お名前、ご芳名	1
guǒzhī	果汁	（名）	ジュース	○4
guo	过	（助）	（経験を表す）〜したことがある	9

H

hái	还	（副）	さらに、まだ	12
háishi	还是	（接）	それとも	9
háizi	孩子	（名）	子供	14
hǎibiān	海边	（名）	海岸、海辺	○6
hánjià	寒假	（名）	冬休み	12
Hànyǔ	汉语	（名）	中国語	○4
hǎo	好	（形）	よい、健康である	1
hǎochī	好吃	（形）	（食べて）おいしい	○4
hǎohē	好喝	（形）	（飲んで）おいしい	2
hǎokàn	好看	（形）	きれいだ	○14
hǎotīng	好听	（形）	（聞いて）美しい	○4
hào	号	（名）	日	3
hàomǎ	号码	（名）	番号	3
hē	喝	（動）	飲む	2
hé	和	（接・介）	〜と	5
hé	盒	（量）	〜箱	12
héfú	和服	（名）	着物	12
Hépíng Fàndiàn	和平饭店	（名）	和平飯店	11
hěn	很	（副）	とても	1
hóngbāo	红包	（名）	祝儀、ボーナス	13
hóngchá	红茶	（名）	紅茶	○4
hòubiān	后边	（名）	後ろ、裏	○11
hòunián	后年	（名）	再来年	*12
hòutiān	后天	（名）	あさって	○7
hùshi	护士	（名）	看護師	*7
huā	花	（名）	花	○9
huá xuě	滑雪	（動）	スキーをする	*7
huà huàr	画画儿		絵を描く	*7
huānyíng	欢迎	（動）	歓迎する	10
huán	还	（動）	返す	○9
huàn chē	换车		乗り換える	○7
huángguā	黄瓜	（名）	キュウリ	*4
huí	回	（動）	帰る、戻る	4

huídá	回答	（動・名）	こたえる、回答	13
huì	会	（助動）	～できる	14
huìyìshì	会议室	（名）	会議室	○11

J

jīchǎng	机场	（名）	空港	*6, ○11
jīdàn	鸡蛋	（名）	たまご	*4
jīhuì	机会	（名）	機会、チャンス	12
jíhé	集合	（動）	集合する	○7
jǐ	几	（疑）	いくつ	3
jǐ ge	几个		いくつかの	12
jìhuì	忌讳	（名）	タブー	13
jìniànpǐn	纪念品	（名）	記念品	12
jìzhě	记者	（名）	記者	*7
jiā	家	（名）	家	4
jiā	家	（量）	～軒	10
jiā bān	加班	（動）	残業する	8
jiājiào	家教	（名）	家庭教師、しつけ	14
jiālirén	家里人	（名）	家族	○8, 11
jiàn	见	（動）	会う	4
jiàn	件	（量）	～枚	○12
jiàn miàn	见面	（動）	会う	○7, 9
Jiànyī	健一	（名）	健一	8
jiāo	教	（動）	教える	○13
jiǎo	角	（量）	角（0.1 元）	○10
jiǎozi	饺子	（名）	ギョーザ	*4
jiào	叫	（動）	フルネームは～である	1
jiàoshì	教室	（名）	教室	○11
jiē	接	（動）	出迎える	○6
jiē péngyou	接朋友		友達を出迎える	*6
jié hūn	结婚	（動）	結婚する	13
jiějie	姐姐	（名）	姉	○5
jiè	借	（動）	借りる	○9
jiè	借	（動）	貸す	○13
jièshào	介绍	（動）	紹介する	8
jīn	斤	（量）	（重さの単位）斤、500 g	10
jīnnián	今年	（名）	今年	8
jīntiān	今天	（名）	今日	3
jìn	进	（動）	入る	2
jìn	近	（形）	近い	○11

Jīngdū	京都	（名）	京都	○5, 12
jǐngchá	警察	（名）	警官	*7
Jìngyèsī	《静夜思》		『静夜思』李白の名詩	14
jiǔ	九	（数）	9	*3
jiǔ	酒	（名）	酒	○8
jiù	就	（副）	すぐに	11
juéde	觉得	（動）	感じる、～と思う	13

K

kāfēi	咖啡	（名）	コーヒー	○4
kāfēiguǎn	咖啡馆	（名）	喫茶店	○5
kāi chē	开车	（動）	車を運転する	9
kāi huì	开会	（動）	会議をする	*6
kāishǐ	开始	（動）	始まる、始める	7
kàn	看	（動）	見る、読む	7
kàn bìng	看病		診察する／診察を受ける	○6
kàn diànyǐng	看电影		映画を見る	*6
kàn qiúsài	看球赛		球技を観戦する	*7
kàn yīnghuā	看樱花		花見をする	*6
kǎoyā	烤鸭	（名）	北京ダック	○9
kělè	可乐	（名）	コーラ	*4
kěyǐ	可以		OK、差しつかえない	9
kěyǐ	可以	（助動）	～してもよい、できる	11
kè	刻	（量）	15分	○7
kǒu	口	（量）	～人（家族を数える）	5
kuài	块	（量）	元	10
kuài	快	（形）	速い	11
kuàicāndiàn	快餐店	（名）	ファストフード店	○11
kuàijìshī	会计师	（名）	会計士	*7
kuàilè	快乐	（形）	楽しい	3
kuàizi	筷子	（名）	箸	○13
kuàngquánshuǐ	矿泉水	（名）	ミネラルウォーター	*4, ○12

L

là	辣	（形）	辛い	○10
lái	来	（動）	来る	4
lǎojiā	老家	（名）	故郷	○14
lǎolao	姥姥	（名）	（母方の）祖母	*5
Lǎoshě	老舍	（名）	老舍	○9
lǎoshī	老师	（名）	教師、先生	○7
lǎoye	姥爷	（名）	（母方の）祖父	*5

lǎozìhào	老字号	（名）	老舗	14
le	了	（助）	動作の実現、完了を表す	12
lèi	累	（形）	疲れている	○14
lěng	冷	（形）	寒い、冷たい	○10
lí	离	（介）	～から、～まで	11
Lǐ	李	（名）	李	1
Lǐ Huá	李华	（名）	李華	12
lǐwù	礼物	（名）	土産、プレゼント	12
lìshǐ	历史	（名）	歴史	12
li	里	（名）	～の中	○11
liànxí	练习	（動・名）	練習する、練習	7
liǎng	两	（数）	2	5
línjū	邻居	（名）	隣近所（の人）	○13
líng	0（零）	（数）	ゼロ	3
lǐngdài	领带	（名）	ネクタイ	○12
liú xué	留学	（動）	留学する	○14
liù	六	（数）	6	*3
lóu	楼	（名）	～階	○11
lù	路	（名）	道	11
lǚyóu	旅游	（動）	旅行する	○7
lǜchá	绿茶	（名）	緑茶	*4, ○14
lǜshī	律师	（名）	弁護士	*7

M

māma	妈妈	（名）	母	*5
mǎshàng	马上	（副）	すぐ	14
ma	吗	（助）	～か？	2
mǎi	买	（動）	買う	○5, 6
mǎi dōngxi	买东西		買い物をする	*6
mántou	馒头	（名）	蒸しパン	○13
mànhuà	漫画	（名）	漫画	○12
máng	忙	（形）	忙しい	2
māo	猫	（名）	ネコ	○11
máo	毛	（量）	角（0.1元）	○10
máoyī	毛衣	（名）	セーター	○12
méi(you)	没（有）	（副）	～ない	9
méi guānxi	没关系		だいじょうぶ	A
méi wèntí	没问题		問題ない	9
méiyǒu	没有	（動）	いない、持っていない	5
Měiguó	美国	（名）	アメリカ	○10

měitiān	每天	(名)	毎日	7
měiyuán	美元	(名)	アメリカドル	○10
mèimei	妹妹	(名)	妹	○5
ménkǒu	门口	(名)	入り口	○9
ménpiào	门票	(名)	入場券	○10
mí lù	迷路	(動)	道に迷う	11
mǐfàn	米饭	(名)	ご飯	*4
miàn	面	(名)	麺	4
miànbāo	面包	(名)	パン	*4
míngnián	明年	(名)	来年	*12
míngshèng gǔjì	名胜古迹	(名)	名所旧跡	12
míngtiān	明天	(名)	明日	4
mòlìhuāchá	茉莉花茶	(名)	ジャスミン茶	○4

N

nǎ	哪	(疑)	どれ	*2
nǎ ge (něi ge)	哪个	(疑)	どの	*5
nǎli	哪里	(疑)	どこ	*5
nǎr	哪儿	(疑)	どこ	5
nà	那	(代)	それ、あれ	*2
nà	那	(接)	それでは	4
nà ge (nèi ge)	那个	(代)	その、あの	*5
nàli	那里	(代)	そこ、あそこ	*5
nàme	那么	(代)	あんなに、そんなに	○13
nàr	那儿	(代)	そこ、あそこ	*5, 12
nǎinai	奶奶	(名)	（父方の）祖母	*5
nán	难	(形)	難しい	○4
nánfāng	南方	(名)	南方	○13
ne	呢	(助)	～は？	2
néng	能	(助動)	～できる	14
nǐ	你	(代)	あなた	1
nǐ hǎo	你好		こんにちは	A
nǐmen	你们	(代)	あなたたち	*1
niánjì	年纪	(名)	年齢	○8
niánqīngrén	年轻人	(名)	若者	11
niàn	念	(動)	（声を出して）読む	○6
nín	您	(代)	あなた（"你"の敬称）	1
niúnǎi	牛奶	(名)	牛乳	*4
nǚ'ér	女儿	(名)	娘	*5

P

pá shān	爬山		山登りをする	*7
pánzi	盘子	(名)	皿	○13
pángbiān	旁边	(名)	そば、傍ら	11
pǎo bù	跑步	(動)	走る、ランニングする	○7
péngyou	朋友	(名)	友達	1
píjiǔ	啤酒	(名)	ビール	4
piányi	便宜	(形)	安い	10
piào	票	(名)	チケット、切符	○13
piàoliang	漂亮	(形)	きれいだ	12
pīngpāngqiú	乒乓球	(名)	卓球	○14
píng	瓶	(量)	～本（瓶を数える）	○10
píngguǒ	苹果	(名)	リンゴ	10
píngshí	平时	(名)	普段	10
pútaojiǔ	葡萄酒	(名)	ワイン	*4, ○11

Q

qī	七	(数)	7	*3
qīzi	妻子	(名)	妻	5
qí	骑	(動)	（またがって）乗る	○6
qí chē	骑车	(動)	自転車に乗る	○9
qǐ chuáng	起床	(動)	起きる	8
qìhòu	气候	(名)	気候	○13
qiān	千	(名)	千	○10
qián	前	(名)	前	14
qiánbiān	前边	(名)	前、前方	11
qiánnián	前年	(名)	おととし	*12
qiántiān	前天	(名)	おととい	○7
Qīngshuǐsì	清水寺	(名)	清水寺	12
qǐng	请	(動)	どうぞ～してください	2
qǐngwèn	请问		おたずねします	11
qiūtiān	秋天	(名)	秋	○7
qǔ qián	取钱		お金をおろす	○6
qù	去	(動)	行く	4
qùnián	去年	(名)	去年	○12

R

rè	热	(形)	暑い、熱い	○10
rènao	热闹	(形)	にぎやかである	○13
rén	人	(名)	人	5
rénmínbì	人民币	(名)	人民元	○10

rènshi	认识	（動）	見知る、知っている	1
rènzhēn	认真	（形）	真面目である	○8
Rìběncài	日本菜	（名）	日本料理	○14
Rìběngē	日本歌	（名）	日本の歌	○4
Rìběnrén	日本人	（名）	日本人	○4
rìyòngpǐn	日用品	（名）	日用品	13
rìyuán	日元	（名）	日本円	○10
ròu	肉	（名）	肉	○9
rù xiāng suí sú	入乡随俗	（成）	郷に入っては郷に従え	13

S

sān	三	（数）	3	*3
sānmíngzhì	三明治	（名）	サンドイッチ	*4
sǎn	伞	（名）	傘	13
sàn bù	散步	（動）	散歩をする	*6
shāngdiàn	商店	（名）	店	○11
shàng	上	（名）	～の上	○11
shàng bān	上班	（動）	出勤する	8
shàng ge xīngqī	上个星期	（名）	先週	*9
shàng ge yuè	上个月	（名）	先月	○9
Shànghǎi	上海	（名）	上海	○5
shàng shàng ge xīngqī	上上个星期	（名）	先々週	○9
shàng wǎng	上网	（動）	インターネットに繋ぐ	○9
shàngwǔ	上午	（名）	午前	*7
shèjìshī	设计师	（名）	デザイナー	*7
shéi	谁	（疑）	誰	1
shēntǐ	身体	（名）	身体	○8
shénme	什么	（疑）	何、どんな	1
shénme shíhou	什么时候	（疑）	いつ	9
shēnghuó	生活	（名・動）	生活（する）	14
shēngrì	生日	（名）	誕生日	3
shí	十	（数）	10	3
shíhou	时候	（名）	時	9
shíjiān	时间	（名）	時間	12
shítáng	食堂	（名）	食堂	○11
shíyī	十一	（数）	11	3
shì	是	（動）	～である	1
shōu	收	（動）	受け取る	10
shǒujī	手机	（名）	携帯電話	○5
shǒujuàn	手绢	（名）	ハンカチ	13

shū	书	（名）	本	○5
shūdiàn	书店	（名）	本屋	○11
shǔjià	暑假	（名）	夏休み	○12
shù	束	（量）	〜束	○13
shuāng	双	（量）	〜足、〜組	○12
shuǐ	水	（名）	水	○13
shuǐguǒ	水果	（名）	果物	10
shuǐguǒdiàn	水果店	（名）	果物屋	10
shuì jiào	睡觉	（動）	寝る	8
shuō	说	（動）	言う、話す	3
sì	四	（数）	4	*3
sòng	送	（動）	贈る、送る	13
suān	酸	（形）	酸っぱい	○10
suānnǎi	酸奶	（名）	ヨーグルト	*4
suì	岁	（量）	〜歳	8
sūnnǚ	孙女	（名）	孫娘	*5
sūnzi	孙子	（名）	孫	*5
suǒyǐ	所以	（接）	だから（結果を表す）	10

T

tā	他	（代）	彼	○1
tā	她	（代）	彼女	1
tāmen	他们	（代）	彼ら	*1
tāmen	她们	（代）	彼女たち	*1
tàijíquán	太极拳	（名）	太極拳	7
tài~le	太〜了		とても〜、〜すぎる	9
Tàishān	泰山	（名）	泰山	○10
tàitai	太太	（名）	妻	*5
tán gāngqín	弹钢琴		ピアノを弾く	*7
tángshī	唐诗	（名）	唐の時代の古詩	14
tào	套	（量）	〜セット	13
tèbié	特别	（副）	非常に、とても	10
tī zúqiú	踢足球		サッカーをする	*7
Tiānjīn	天津	（名）	天津	○6
tiānqì yùbào	天气预报	（名）	天気予報	○12
tián	甜	（形）	甘い	10
tiáo	条	（量）	〜匹、〜本	○10
tiào wǔ	跳舞	（動）	ダンスをする	*7
tīng	听	（動）	聞く	○9
tīng yīnyuè	听音乐		音楽を聴く	*7

tóngshì	同事	（名）	同僚	8
tóngxué	同学	（名）	同級生	○8
túshūguǎn	图书馆	（名）	図書館	4

W

wàzi	袜子	（名）	くつした	○12
wàibiān	外边	（名）	外	8
wàiguó	外国	（名）	外国	12
wàisūn	外孙	（名）	外孫	*5
wàisūnnǚ	外孙女	（名）	外孫（女）	*5
wán(r)	玩（儿）	（動）	遊ぶ	9
wǎnshang	晚上	（名）	夜	8
wàn	万	（名）	万	○10
Wángfǔjǐng	王府井	（名）	王府井	○14
Wáng Lì	王丽	（名）	王麗	1
wèi shénme	为什么	（疑）	なぜ	10
wénhuà	文化	（名）	文化	14
wèn	问	（動）	たずねる、聞く	11
wèntí	问题	（名）	質問、問題	13
wǒ	我	（代）	私	1
wǒmen	我们	（代）	私たち	*1,7
wūlóngchá	乌龙茶	（名）	ウーロン茶	2
wǔ	五	（数）	5	*3

X

xīhóngshì	西红柿	（名）	トマト	*4
xíguàn	习惯	（名）	習慣	13
xǐhuan	喜欢	（動）	好む、好きだ	7
xià	下	（名）	次の	9
xià	下	（名）	〜の下	○11
xià bān	下班	（動）	退勤する	8
xià chē	下车		下車する	○7
xià ge xīngqī	下个星期	（名）	来週	*9
xià ge yuè	下个月	（名）	来月	○9
xiàwǔ	下午	（名）	午後	4
xià xià ge xīngqī	下下个星期	（名）	再来週	○9
xiānsheng	先生	（名）	夫	*5
xiānsheng	先生	（名）	〜さん（男性）	○13
xián	咸	（形）	塩辛い	○10
xiànmù	羡慕	（動）	うらやむ、羨ましい	5
xiànzài	现在	（名）	現在、今	○7

xiǎng	想	（助動）	～したい	10
xiǎo	小	（形）	小さい（大きさ、年齢など）	10
Xiǎolín	小林	（名）	小林	8
xiǎo péngyou	小朋友	（名）	子供に対する呼びかけの言葉	○8
xiǎoshí	小时	（名）	～時間	14
xiǎoshíhou	小时候	（名）	子供の頃	○12
xiǎoshuō	小说	（名）	小説	○9
(yì)xiē	（一）些	（量）	いくつかの	12
xiě	写	（動）	書く	○6
xièxie	谢谢		ありがとう	A, 2
xīn	新	（形）	新しい	○13
xīngànxiàn	新干线	（名）	新幹線	6
xīnwén	新闻	（名）	ニュース	○10
xīnxiān	新鲜	（形）	新鮮だ	10
xìn	信	（名）	手紙	○6
xīngqī	星期	（名）	曜日、週	9
xīngqī'èr	星期二	（名）	火曜日	*9
xīngqīliù	星期六	（名）	土曜日	*9
xīngqīrì (tiān)	星期日（天）	（名）	日曜日	*9, 11
xīngqīsān	星期三	（名）	水曜日	*9
xīngqīsì	星期四	（名）	木曜日	*9
xīngqīwǔ	星期五	（名）	金曜日	*9
xīngqīyī	星期一	（名）	月曜日	*9
xíng	行		OK、差しつかえない	9
xìng	姓	（動）	姓は～である	1
xiōngdì jiěmèi	兄弟姐妹	（名）	兄弟姉妹	5
xiūxi	休息	（動）	休む、休憩する	○7
xué	学	（動）	学ぶ	○7
xuésheng	学生	（名）	学生	○1
xuéxí	学习	（動）	学ぶ、勉強する	8
xuéxiào	学校	（名）	学校	4
Y				
yǎnyuán	演员	（名）	俳優	*7
yángtái	阳台	（名）	ベランダ	○11
yǎng huā	养花		花を育てる	○7
yào	要	（助動）	～することになっている、～したい	14
yào	要	（動）	かかる、いる	14
yéye	爷爷	（名）	（父方の）祖父	*5
yě	也	（副）	～も	1

yī(yāo)	一	（数）	1	3
yīfu	衣服	（名）	服	○14
yīshēng	医生	（名）	医師	○7
yīyuàn	医院	（名）	病院	○6
yídìng	一定	（副）	きっと、必ず	13
yíhàn	遗憾	（形）	残念である	12
yírìyóu	一日游	（名）	日帰り旅行	○14
yíyàng	一样	（形）	同じ	13
yǐhòu	以后	（名）	今後、～以後	8
yǐqián	以前	（名）	以前	○12
yìbǎi	一百	（数）	100	○3
yìbān	一般	（副・形）	普通、普通である	13
yìbān lái shuō	一般来说		一般的に言えば	13
yìjiā	一家	（名）	一家	14
yìjiàn	意见	（名）	意見	○13
yìqǐ	一起	（副）	一緒に	9
yìrén	艺人	（名）	芸能人	*7
yì suì	易碎		割れやすい	13
yīnwèi	因为	（接）	～なので（原因を表す）	10
yīnyuè	音乐	（名）	音楽	○9
yínháng	银行	（名）	銀行	○6, 7
Yínzuò	银座	（名）	銀座	6
Yīngyǔ	英语	（名）	英語	○10
yòng	用	（動）	使う、用いる	○6
yōujiǔ	悠久	（形）	悠久の	12
yóujiàn	邮件	（名）	メール、郵便物	14
yóujú	邮局	（名）	郵便局	○11
yóukè	游客	（名）	観光客	12
yóulǎn	游览	（動）	見物する	12
yóu yǒng	游泳	（動）	水泳をする、泳ぐ	*7, ○11
yóuyǒngchí	游泳池	（名）	プール	○11
yǒu	有	（動）	いる、持っている	5
yǒu de	有的	（代）	ある（人、もの）	13
yǒushí	有时	（副）	時には	10
yǒu shíhou	有时候	（名）	ときどき	8
yǒu shì	有事		用事がある	○9
yǒu yìsi	有意思	（形）	面白い	8
yòubiān	右边	（名）	右、右側	11
yú	鱼	（名）	魚	○9

yǔyán	语言	（名）	言語、言葉	8
yuán	元	（量）	元	○10
yuǎn	远	（形）	遠い	11
yuē	约	（動）	誘う	9
yuè	月	（名）	月	3
yuèbing	月饼	（名）	月餅	○13
yuèdǐ	月底	（名）	月末	10
yuèguāngzú	月光族	（名）	給料を毎月使い果たしてしまう人	10
yùndòng	运动	（名・動）	運動（する）	○10

Z

zázhì	杂志	（名）	雑誌	○5
zài	再	（副）	再び	3
zài	在	（動）	（～に）ある、いる	5
zài	在	（介）	～で、～に	7
zàijiàn	再见		さようなら	A
zǎofàn	早饭	（名）	朝食	8
zǎoshang	早上	（名）	朝	7
zěnme	怎么	（疑）	どのように	6
zěnmeyàng	怎么样	（疑）	どうですか	9
zhàn	站	（名）	駅	11
zhāng	张	（量）	～枚	○10
zhǎo	找	（動）	（つり銭を）出す	10
zhǎo	找	（動）	探す	14
zhào xiàng	照相	（動）	写真を撮る	12
zhè	这	（代）	これ	2
zhè cì	这次		今回	12
zhè ge (zhèi ge)	这个	（代）	この	*5
zhè ge xīngqī	这个星期	（名）	今週	*9
zhè ge yuè	这个月	（名）	今月	*9
zhèli	这里	（代）	ここ	*5
zhème	这么	（代）	こんなに、そんなに	○13
zhèr	这儿	（代）	ここ	*5, 11
zhēn	真	（副）	本当に	2
zhēnde	真的		本当の～、本当に	7
zhīdào	知道	（動）	知っている、わかる	○14
zhíyuán	职员	（名）	職員	7
zhōng	钟	（名）	置き時計、掛け時計	13
Zhōngguócài	中国菜	（名）	中華料理	○4
Zhōngguórén	中国人	（名）	中国人	○4

Zhōnghuájiē	中华街	(名)	中華街	○14
Zhōngwén	中文	(名)	中国語	○14
zhōngwǔ	中午	(名)	正午、昼	8
zhōngxué	中学	(名)	中学、高校	14
zhǒng	种	(量)	～種類	10
zhǒnglèi	种类	(名)	種類	10
zhōuwéi	周围	(名)	周囲、周り	11
zhù	祝	(動)	祈る、祝う	3
zhuānyè	专业	(名)	専攻	○13
zhuōzi	桌子	(名)	机、テーブル	○11
zīliào	资料	(名)	資料	○9
zìwǒ jièshào	自我介绍		自己紹介	8
zìxíngchē	自行车	(名)	自転車	○6
zǒu	走	(動)	歩く、行く	11
zuótiān	昨天	(名)	昨日	○7
zuǒbiān	左边	(名)	左、左側	○11
zuò	坐	(動)	座る	2
zuò	坐	(動)	乗る	6
zuò	做	(動)	～する、作る	6
zuò cài	做菜		料理をする	*7
zuòjiā	作家	(名)	作家	*7
zuòpǐn	作品	(名)	作品	○12

声母＼韻母		1	2	3	4 -i [ʅ][ɿ]	5 er	6 ai	7 ei	8 ao	9 ou	10 an	11 en	12 ang	13 eng	14 ong	15 i	16 ia	17 ie	18 iao	19 iou -iu
		a	o	e																
1	b	ba	bo				bai	bei	bao		ban	ben	bang	beng		bi		bie	biao	
2	p	pa	po				pai	pei	pao	pou	pan	pen	pang	peng		pi		pie	piao	
3	m	ma	mo	me			mai	mei	mao	mou	man	men	mang	meng		mi		mie	miao	miu
4	f	fa	fo					fei		fou	fan	fen	fang	feng						
5	d	da		de			dai	dei	dao	dou	dan	den	dang	deng	dong	di	dia	die	diao	diu
6	t	ta		te			tai		tao	tou	tan		tang	teng	tong	ti		tie	tiao	
7	n	na		ne			nai	nei	nao	nou	nan	nen	nang	neng	nong	ni		nie	niao	niu
8	l	la	lo	le			lai	lei	lao	lou	lan		lang	leng	long	li	lia	lie	liao	liu
9	g	ga		ge			gai	gei	gao	gou	gan	gen	gang	geng	gong					
10	k	ka		ke			kai	kei	kao	kou	kan	ken	kang	keng	kong					
11	h	ha		he			hai	hei	hao	hou	han	hen	hang	heng	hong					
12	j															ji	jia	jie	jiao	jiu
13	q															qi	qia	qie	qiao	qiu
14	x															xi	xia	xie	xiao	xiu
15	zh	zha		zhe	zhi		zhai	zhei	zhao	zhou	zhan	zhen	zhang	zheng	zhong					
16	ch	cha		che	chi		chai		chao	chou	chan	chen	chang	cheng	chong					
17	sh	sha		she	shi		shai	shei	shao	shou	shan	shen	shang	sheng						
18	r			re	ri				rao	rou	ran	ren	rang	reng	rong					
19	z	za		ze	zi		zai	zei	zao	zou	zan	zen	zang	zeng	zong					
20	c	ca		ce	ci		cai		cao	cou	can	cen	cang	ceng	cong					
21	s	sa		se	si		sai		sao	sou	san	sen	sang	seng	song					
		a	o	e		er	ai	ei	ao	ou	an	en	ang			yi	ya	ye	yao	you

20	21	22	23	24	25	26	27	28	29	30	31	32	33	34	35	36	37
ian	in	iang	ing	iong	u	ua	uo	uai	uei -ui	uan	uen -un	uang	ueng	ü	üe	üan	ün
bian	bin		bing		bu												
pian	pin		ping		pu												
mian	min		ming		mu												
					fu												
dian			ding		du		duo		dui	duan	dun						
tian			ting		tu		tuo		tui	tuan	tun						
nian	nin	niang	ning		nu		nuo			nuan				nü	nüe		
lian	lin	liang	ling		lu		luo			luan	lun			lü	lüe		
					gu	gua	guo	guai	gui	guan	gun	guang					
					ku	kua	kuo	kuai	kui	kuan	kun	kuang					
					hu	hua	huo	huai	hui	huan	hun	huang					
jian	jin	jiang	jing	jiong										ju	jue	juan	jun
qian	qin	qiang	qing	qiong										qu	que	quan	qun
xian	xin	xiang	xing	xiong										xu	xue	xuan	xun
					zhu	zhua	zhuo	zhuai	zhui	zhuan	zhun	zhuang					
					chu	chua	chuo	chuai	chui	chuan	chun	chuang					
					shu	shua	shuo	shuai	shui	shuan	shun	shuang					
					ru	rua	ruo		rui	ruan	run						
					zu		zuo		zui	zuan	zun						
					cu		cuo		cui	cuan	cun						
					su		suo		sui	suan	sun						
yan	yin	yang	ying	yong	wu	wa	wo	wai	wei	wan	wen	wang	weng	yu	yue	yuan	yun

中国地图

黑龙江省
Hēilóngjiāng Shěng

哈尔滨
Hǎ'ěrbīn

长春
Chángchūn 吉林省
Jílín Shěng

内蒙古自治区
Nèi-Měnggǔ Zìzhìqū

沈阳
Shěnyáng

辽宁省
Liáoníng Shěng

呼和浩特
Hūhéhàotè

北京市
Běijīng Shì

河北省
Héběi Shěng

天津市
Tiānjīn Shì

太原
Tàiyuán

石家庄
Shíjiāzhuāng

济南
Jǐnán

山西省
Shānxī Shěng

山东省
Shāndōng Shěng

西安
Xī'ān

郑州
Zhèngzhōu

江苏省
Jiāngsū Shěng

西省 河南省 安徽省
xī Shěng Hénán Shěng Ānhuī Shěng

南京
Nánjīng

上海市
Shànghǎi Shì

合肥
Héféi

湖北省
Húběi Shěng

杭州
Hángzhōu

天市
qìng Shì

武汉
Wǔhàn

长沙
Chángshā

浙江省
Zhèjiāng Shěng

南昌
Nánchāng

湖南省
Húnán Shěng

江西省
Jiāngxī Shěng

福建省
Fújiàn Shěng

台北
Táiběi

福州
Fúzhōu

西壮族自治区
ngxī Zhuàngzú Zìzhìqū

广东省
Guǎngdōng Shěng

台湾省
Táiwān Shěng

宁
nníng

广州
Guǎngzhōu

香港
Xiānggǎng

澳门
Àomén

海口
Hǎikǒu

海南省
Hǎinán Shěng

日中学院教材研究チーム

編集委員：

岩井伸子	小澤光恵
木野井美紗子	小池敏明
胡興智	小松真弓
佐藤孝志	鈴木繁
高木美鳥	張蕾
長澤文子	劉笑梅

イラスト：

浅山友貴

吹込み：

胡興智

陳淑梅

岩井伸子

表紙デザイン：細谷桃恵

新・学汉语 1　 ー新・学漢語 1ー

2022 年 3 月 25 日　初版発行
2024 年 2 月 25 日　3 刷発行

編著者　日中学院教材研究チーム
発行者　佐藤和幸
発行所　白 帝 社
　　　　〒 171-0014　東京都豊島区池袋 2-65-1
　　　　電話　03-3986-3271
　　　　FAX　03-3986-3272（営）／ 03-3986-8892（編）
　　　　https://www.hakuteisha.co.jp/

組版・印刷／倉敷印刷（株）　　製本／ティーケー出版印刷㈱

Printed in Japan〈検印省略〉6914　　　　　　ISBN978-4-86398-449-3
＊定価は表紙に表示してあります。